Oracle des êtres de l'Ombre & de la Lumière

Cinquième édition

LUCY CAVENDISH

Illustrations de JASMINE BECKET-GRIFFITH

ÉDITIONS
EXERGUE
27, rue des Grands-Augustins
75006 Paris

De la même auteure, chez le même éditeur

L'Oracle des sortilèges, coffret, 2018
L'Oracle des contes de fées, coffret, 2018.
Les Esprits de la forêt, coffret, 2017.
L'Oracle des sirènes, coffret, 2015.
L'Oracle des vampires, coffret, 2015.
L'Oracle des dragons protecteurs, coffret, 2014.
L'Oracle des fées, coffret, 2012.
L'Oracle des Métamorphes, coffret, 2012.
L'Oracle des êtres d'ombre et de lumière, coffret, 2011.

© 2010 Lucy Cavendish & Jasmine Becket-Griffith
© 2010 Blue Angel Publishing

Traduit de l'anglais par Catherine Vaudrey

© 2011, 2014, 2016, 2019, 2020, Éditions Exergue,
une marque du Groupe Trédaniel

ISBN: 978-2-36188-040-8

www.editions-tredaniel.com
info@guytredaniel.fr
www.facebook.com/editions.tredaniel

Pour en savoir plus sur nos formations en ligne :
www.exergue-formation.com

Cet oracle vous est dédié à vous, lecteurs, afin que vous appreniez à aimer aussi bien l'ombre que la lumière en vous.

Remerciements

Merci à la talentueuse équipe de Blue Angel Gallery : Michael pour son design brillant, Tanya pour la mise en page et Toni pour la conception d'ensemble.

Il y a environ sept ans, je suis entrée dans une boutique de Byron Bay consacrée aux fées et j'y ai découvert une reproduction d'une magnifique œuvre de Jasmine Becket-Griffith. Je suis tombée amoureuse sur-le-champ de l'atmosphère acidulée, lunatique et rebelle de son travail. Ses fées semblent exprimer tout ce que les gens cachent d'ordinaire derrière un sourire. Elles sont coléreuses, aigres et maussades mais aussi bonnes et ô combien honnêtes ! Ma fille les a immédiatement adorées, de même que ma mère et mes amies. L'œuvre de Jasmine transcende les conventions pour toucher des gens de tous âges et de toutes sensibilités. Je n'aurais jamais imaginé avoir la chance un jour de travailler avec elle. Elle est talentueuse, d'abord facile et travaille très très dur : c'est la recette du succès et je suis persuadée qu'il ne manquera pas d'être au rendez-vous pour elle.

Quant à moi, j'ai de merveilleuses amies qui rient des mêmes choses que moi et m'aident à rester moi-même quand un esprit me secoue à trois heures du matin. Merci à mon bien-aimé, pour sa capacité à m'enraciner et me distraire quand je me plonge dans mes obsessions et pour ses remarques toujours pertinentes et admiratives sur mon travail.

Ma fille est une grande source de joie, de rire, d'amour et d'inspiration pour moi. Mes adorables parents et mon frère imprévisible et chéri me rappellent d'où je viens et la chance que j'ai de les avoir pour famille.

Je remercie chaleureusement les esprits qui viennent me parler, ces êtres qui m'ont fait don de leur sagesse sous tant de formes. Nous avons parcouru un long chemin ensemble depuis ma petite enfance, quand je n'avais encore aucune idée de ce que je voyais, entendais et sentais. Merci pour votre sagesse et votre présence jamais démentie.

Mais par-dessus tout, je remercie celui ou celle qui tient ce jeu dans sa main. À côté des bienfaits de la lumière, puissiez-vous distinguer la beauté et l'utilité de l'obscurité en vous.

Avec amour et confiance,
Lucy Cavendish

SOMMAIRE

SIGNIFICATION DES CARTES

L'ORACLE DES ÊTRES DE L'OMBRES ET DE LA LUMIÈRE

Sagesse pour les mystiques, les errants et les marginaux…

Aigre, sans précédent, non-conformiste, récalcitrante, effrontée, capricieuse, invisible…

Voici des termes que l'on applique rarement au monde spirituel, n'est-ce pas ? Pourtant, quelques-uns des êtres les plus spirituels ont vécu en marge des courants dominants sans se fondre dans la masse. Ils ont eu leurs moments de désespoir et ont compris que l'authenticité et la vérité sont les plus grandes qualités d'un chemin spirituel !

Avec ce jeu, ils vous suggèrent de sortir de l'ombre et de ne plus vous cacher. En les consultant vous vous apercevrez que votre personnalité et votre génie particulier ont enfin leur place ! Les êtres que vous allez découvrir au fil de ces cartes viennent de royaumes secrets. Ils nous ont transmis leur sagesse à travers les histoires du folklore et les contes de fées et ils sont tout aussi réels et puissants que les glorieux anges des royaumes célestes.

Qu'ils ne se cachent plus ! Grâce à la magie de ce jeu, ils peuvent nous parler et nous transmettre leur message. Bienvenue dans leur monde magique et mystérieux où les rêves sont plus étranges que la réalité, mais ô combien susceptibles de se réaliser quand vous aurez pris conscience de vos propres pouvoirs.

Quand on invoque ces esprits, quelque chose de fascinant et de merveilleux se produit. Car cet oracle est différent des autres : il est destiné aux solitaires, aux cœurs brisés, aux orphelins et aux originaux, à ceux qui errent et se sentent étrangers même au milieu de leurs amis. Il sera votre guide le long du chemin pour changer de vie et trouver une famille d'élection.

Ce jeu déborde de présages, d'oracles et d'augures… émis par des voix à peine audibles et pourtant parmi les plus sages ! Ce sont celles des gentils petits fantômes qui hantent les potagers, des gnomes farceurs qui tapent à votre porte, des anges indignés, des sœurs sorcières et des fées grincheuses occupées à réparer des cœurs brisés. Les images et les messages de cet oracle unique en son genre possèdent une beauté inattendue, une douceur obscure et obsédante. Il rassemble ces êtres qui savent depuis longtemps qu'ils n'ont aucun refuge : les éternels étrangers qui vivent entre deux mondes et ont déjà tout vu. Osez leur demander conseil et vous pénétrerez dans un monde de beauté, de comptines capricieuses et de courage inébranlable. Dites adieu à la peur ! Traversez le miroir et préparez-vous à entrer dans un monde magique.

Bienvenue dans le monde des êtres d'ombre et de lumière…
Dissimulés dans les recoins les plus ordinaires – derrière la porte, sous le plancher, dans le potager ou dans les souterrains de votre ville – résident des êtres sagaces qui nous murmurent des conseils que nous n'entendons pas car nos vies quotidiennes sont trop bruyantes.

Ces êtres magiques sont doux et timides mais aussi sauvages et tenaces ! Leur apparence est souvent contradictoire : anges amnésiques aux visages vides ou bien fantômes chargés d'importantes missions ! Nombre d'entre eux sont à la limite des deux mondes et ne se comportent pas dans la vie comme on nous a appris à le faire. Mais qu'ils soient esprit, fantôme, ange, fée ou sirène, ils ont le sens de l'humour et seront ravis de vous emporter sur leurs ailes !

Ils exigeront de vous de montrer votre « vrai » moi et par-dessus tout de cesser de vous montrer aussi « gentil » ! Ils ne vous laisseront pas jouer les victimes et vous enseigneront une manière de vivre plus brillante et plus animée !

Ils vous demanderont d'examiner ce qui vous fait peur et de réaliser que vous vous effrayez à tort de la proximité de beautés naturelles en vous ou autour de vous. Ils vous demanderont de travailler sur vous-même afin de devenir cet individu intègre, unique et étonnant que vous étiez destiné à être.

Ils ne vous demanderont jamais de sourire par politesse ni de feindre des sentiments que vous n'avez pas mais ils vous suggéreront de commencer à regarder autour de vous sans jugement et d'admirer les merveilles innombrables de ce monde et de l'autre.

Pour ces rebelles, la seule voie possible est celle de la solitude ! Ils vous encourageront à prendre les chemins de traverse et les voies les plus escarpées sans savoir où elles vous mènent. Mais vous saurez que c'est votre voie et le monde autour de vous changera d'aspect car vous aurez changé.

Les êtres d'ombre et de lumière sont là pour vous montrer les aspects cachés de votre âme, pour vous inviter à redécouvrir vos rêves et vos souvenirs d'enfance, pour vous forcer à dire la vérité et à être vous-même. Ne craignez rien, il n'y aura pas d'autres conséquences que la joie et la liberté !

Nous ignorons trop souvent les messages qui nous parviennent de la plus belle et la plus puissante des sources tout en ne cessant de lui adresser des demandes. Nous connaissons les Archanges et la sagesse des dieux, des déesses et des êtres intergalactiques... Mais qu'en est-il des voix douces et obscures qui s'attardent dans les recoins de notre propre monde ? Et si nous prenions conscience de ce qui nous entoure ? Que se passerait-il si nous prenions une route différente aujourd'hui pour aller au travail ou si nous prêtions attention pour la première fois à ce terrain de jeu que nous traversons tous les jours ? Qu'arriverait-il si nous sortions de voiture pour fixer l'immensité des champs ou la surface de l'océan et en ressentir l'énergie vibratoire ?

Qu'arriverait-il si nous prenions conscience des ombres et des lumières qui nous entourent ?

Si vous le faites, je sais ce que vous découvrirez. De petits fantômes chargés de messages pour vous, des anges grognons qui vous ont bien (trop) souvent indiqué le chemin ainsi que d'autres messagers des royaumes invisibles qui vous démontreront que vous gaspillez votre énergie et laissez votre courage se perdre. Ce jeu est le jeu dont vous avez besoin pour vous relier ici et maintenant à la beauté, l'étrangeté et la sagesse unique de votre vie.

C'est un portail vers l'autre monde, un monde étrangement familier, tout en ombres et en demi-teintes, qui n'appartient ni tout à fait à la bonté aveuglante du monde des anges ni au sombre mystère du monde souterrain, mais aux deux. Ce monde est peuplé d'êtres qui depuis toujours veulent vous faire don de leur savoir magique, des êtres qui ne sont finalement que les aspects oubliés et exilés de vous-même. Si vous les écoutez et leur faites une place dans votre vie, vous commencerez à percevoir l'étrangeté de votre âme.

Qui a dit que l'étrangeté était mauvaise ?

Avez-vous réagi au mot « étrangeté » ? Oui ? Excellent.

Avec nos bizarreries, nous sommes pour la plupart étranges mais nous avons tellement l'habitude de déguiser nos traits de caractère sous le manteau gris de la normalité que nous finissons par nier la réalité de nos ombres et de notre lumière intérieure. Cela nous demande d'énormes quantités d'énergie physique et psychique et cette part de nous-mêmes finit par se cacher faute de trouver à s'exprimer. Les artistes, les écrivains et les musiciens les plus talentueux ont apprivoisés leurs particularités, ils n'ont pas peur des bizarreries de leurs êtres. Allons ! Décidez qu'aujourd'hui vous permettrez à quelques-unes de vos excentricités de rayonner. Elles recèlent tant de force, de beauté, de talent et de capacités psychiques !

Vous constaterez qu'en laissant s'exprimer votre part d'ombre, l'amour vrai et la lumière grandiront aussi en vous.

EXCENTRIQUES ET MYSTIQUES

Les gens qui ont du mal à s'intégrer dans le monde sont souvent ceux-là mêmes qui le changent. L'Univers se réjouit quand on rejette les chaînes de la normalité ! L'Univers aime que l'on soit authentique. Consulter l'*Oracle des êtres de l'Ombre et de la Lumière* vous permettra d'être vous-même et d'apporter une contribution unique à la planète sur laquelle vous êtes né.

La beauté de l'Obscurité

Les connotations négatives liées à ce que nous appelons « l'obscurité » ou « les ombres » sont bien souvent injustes. Nous avons besoin à la fois du jour et de la nuit, de la matrice et de la naissance, de la terre et du ciel, du dessus et du dessous ! L'obscurité n'est ni mauvaise ni négative en soi, et elle ne recèle ni démons cruels ni monstres effrayants.

L'obscurité c'est :

* La douceur de la nuit qui fait briller les étoiles à travers son manteau noir,
* La matrice de notre mère dans laquelle nous avons flotté, telles des sirènes, pendant dix cycles lunaires avant de naître,
* Les ombres tranquilles de la terre, là où poussent les graines. Là où de nouvelles pousses émergeront, pleines de promesses, de pouvoir et d'énergie.

Oui, la lumière est belle aussi, mais nous avons tous besoin d'obscurité pour dormir ou pour nous abriter de la lumière crue de midi. C'est seulement la nuit que l'on peut apercevoir et parfois ressentir la lumière des étoiles et la lune brille davantage parmi les ombres de minuit. L'hiver, durant lequel la lumière décroît, est une période de repos et les périodes les plus sombres de la vie sont aussi les moments où l'on apprend ses plus grandes leçons. La force et le renouveau viennent de ces épreuves et même si elles ne sont pas faciles, c'est grâce à elles que l'on découvre sa beauté intérieure et ses vrais talents.

Laissez-moi vous raconter une histoire. Quand j'étais petite, j'ai été victime d'un grave accident de voiture qui m'a fait manquer l'école pendant très longtemps. Il a fallu m'opérer de nombreuses fois et je souffrais beaucoup.

Mais quelque chose d'inattendu m'est arrivé pendant que j'étais à l'hôpital et plus tard, durant ma convalescence à la maison. L'accident avait causé des dommages à ma vue et je ne voyais plus très bien. Je ne distinguais pas les gens par exemple. Mais soudain une sorte de double vue (des visions) m'a été accordée. J'ai commencé à voir des couleurs et des formes autour des gens et les reconnaître grâce à cela. Ce séjour à l'hôpital, dans un service réservé aux enfants, m'a fait toucher du doigt leur souffrance et leur héroïsme. J'ai vu des anges, des guides et des fées bienveillantes penchés sur eux, des guérisseurs du royaume d'ombre et de lumière, qui prenaient soin d'eux au même titre que les équipes médicales. Devant le courage de ces petits et le dévouement des médecins et des infirmières, mon cœur s'est empli jour après de jour de compassion et j'ai commencé à saisir l'importance de la vie. C'est ainsi qu'un accident qui avait rendu ma vie difficile et douloureuse m'a aussi ouverte à une nouvelle manière de voir et a approfondi ma compréhension spirituelle.

En affrontant les moments les plus difficiles de votre vie avec courage et ouverture d'esprit, vous vous verrez accorder de grands bienfaits !

Les êtres représentés dans ce jeu sont là pour vous aider à traverser les épreuves. Grâce à vos contacts avec eux, vous prendrez conscience de votre tristesse, de votre sensibilité, de la profondeur de votre transformation et de votre guérison. Vous distinguerez le moment où vous devez agir car les limites ont été dépassées. Vous permettrez à vos véritables sentiments d'émerger, vous les éprouverez dans leur plénitude puis vous les laisserez aller. Vous parviendrez à l'équilibre : un mélange unique de beauté formelle, d'esprit, d'ombre et de lumière.

Les dangers de la lumière éternelle

Le problème de la bonté impitoyable est parfaitement illustré dans le cinquième tome des aventures de Harry Potter, *L'ordre du Phénix*. Dolorès Ombrage, la nouvelle professeur de défense contre les forces du mal arrive à Poudlard pour y remplacer Albus Dumbledore. Tout en imposant toujours plus de règles et de règlements, elle fait mine d'incarner la « bonté » : elle s'habille en rose, parle d'une voix douce et son bureau regorge d'images de petits chats. Mais en réalité, elle est cruelle, injuste et vindicative !

Bien souvent, lorsque l'on prétend se situer uniquement « dans la lumière », comme Dolorès Ombrage, on est en réalité chargé de pensées et de sentiments obscurs qu'il faudrait admettre et exprimer afin de pouvoir les transmuter en forces nouvelles. C'est au prix de ce processus que l'on guérit et que l'on récupère son intégrité.

Lors d'un récent festival, j'ai ressenti le besoin malicieux de détourner l'attention un peu forcée que l'on accordait à l'amour et à la lumière. Ce sont indubitablement de belles choses, mais les proclamer tout en envoyant inconsciemment un autre message crée un mélange d'énergie très perturbant pour le corps et l'aura.

Dans cet endroit, tout le monde était « génial et fabuleux » mais on sentait bien que l'énergie n'y était pas. On aurait dit que les gens s'efforçaient de garder une expression enjouée tout en taisant leurs véritables sentiments !

En les observant, j'ai soudain eu la vision d'une petite fée aux yeux immenses, très en colère… Elle était assise en tailleur et fronçait les sourcils. Elle a même levé les yeux au ciel une ou deux fois ! Cette insolence rafraîchissante et libératrice m'a communiqué le désir d'« arrêter leur délire » ! Grâce à la Fée Grincheuse, j'ai cédé à l'impulsion de proclamer la journée lugubre. Tant de gens avaient l'air d'avoir peur de dire quelque chose qui ne correspondrait pas à la « joie » officiellement requise par crainte d'être jugés. En agissant ainsi, ils ne rendaient pas justice à leurs vrais sentiments ! J'ai donc annoncé que tous ceux qui le souhaitaient étaient libres de venir nous rendre visite au stand pour s'asseoir en tailleur, froncer les sourcils et se plaindre. Je me disais que cela les soulagerait et les libérerait de leur sentiment de culpabilité. En l'espace de quelques minutes, des gens ont commencé à s'approcher, à acheter nos produits et à raconter des histoires. Sans se plaindre ni se montrer assommants pour autant, ils étaient honnêtes et authentiques et, avant longtemps, de véritables rires se sont fait entendre. Tous ceux qui passaient par là ne pouvaient s'empêcher de remarquer cette énergie stupéfiante ! En reconnaissant la vérité et en donnant à chacun la liberté d'être honnête, nous avions permis à la lumière de briller plus fort. Voilà la force, la beauté et le pouvoir de la vérité, le pouvoir que *l'Oracle des êtres de l'Ombre et de la Lumière* vous donnera.

LES ÊTRES D'OMBRE ET DE LUMIÈRE

Ce jeu rassemble de nombreux êtres : l'obscurité et la lumière y dansent ensemble, créant beauté et diversité. L'une des plus attachantes est la Fée des Fleurs Séchées car elle égrène vos souvenirs heureux un par un jusqu'à ce que vous compreniez combien vous êtes béni. Voici quelques-uns de ses compagnons :

Les Fantômes : J'adore la présence des fantômes qui dérivent dans ce monde. Et oui, il y a des fantômes dans ce jeu magnifique. Ce ne sont pas de tristes entités forcées de demeurer parmi les vivants, mais des êtres chargés d'une mission sacrée, celle de vous montrer les énergies liées aux lieux et aux époques. Ne tentez pas de les renvoyer dans la lumière car ils y retourneront tout seuls une fois leur devoir accompli. Les Fantômes du Passé, par exemple, vous avertissent quand des gens ou des choses liés à votre passé réapparaissent et vous donnent de précieux aperçus sur votre vie.

Les Sirènes : Les Sirènes abondent dans ce jeu… Elles sont liées à vos émotions car elles résident dans le monde aquatique et vous aident à exprimer l'aspect sensuel ou sexuel de votre moi ! La Sirène de l'Éclipse vous parlera par exemple de bouleversements émotionnels et de transformations et vous aidera à comprendre ce qui se passe et pourquoi. La Sirène des Égouts, quant à elle, vous rappelle de profiter de la sensualité de la vie et de ramener le sexe en pleine lumière !

Les Anciens : À l'image de la Dame à l'œuf de Bosch, les Anciens ont emmagasiné et sauvegardé le savoir de l'ancien temps. Quand ils apparaissent dans votre jeu, prenez conscience des sacrifices qu'ils ont consenti pour vous permettre d'en bénéficier aujourd'hui ! Cela fera de vous, même pour une courte période, le dépositaire de cette connaissance sacrée.

Les Fées : Les fées sont d'adorables et affectueux esprits de la nature. Elles sont joueuses, libres et sensuelles, mais aussi pleines de compassion ! La Fée des Cœurs Brisés, elle, prend soin des peines de cœur. Si elle vient vous parler, sachez qu'elle vous pousse à sortir de vous-même afin d'apaiser votre chagrin.

Les Sorcières : Méconnues, craintes et faisant souvent office de « boucs émissaires » les sorcières sont des êtres qui exercent la magie, blanche ou noire, afin de se fondre dans leur environnement. Elles se méfieront peut-être un peu de vous (après tout, on les juge si souvent sans pitié !) mais elles sont très serviables et très sages. Elles possèdent d'étonnants pouvoirs et sont les amies des éléments. Quand l'une d'elles vient vous parler, attendez-vous à développer vos pouvoirs : même l'acte le plus simple devient magique ! Les Deux Petites Sorcières vous enseigneront entre autres comment nettoyer les vieilles énergies qui rôdent dans l'espace autour de vous !

Les Anges : Ces messagers viennent du ciel et d'autres royaumes célestes (les visiteurs d'autres galaxies sont souvent pris pour des anges). Ils semblent parfois un peu grincheux (comme l'Ange de l'Ouragan) parce qu'ils véhiculent un sérieux avertissement : ils sont las de ne pas être écoutés ! Et ils sont très intelligents, si intelligents qu'ils doivent parfois simplifier leur message pour être compris. Quelques-uns d'entre eux ont oublié qu'ils sont des anges et pensent qu'ils sont humains, tout en se demandant pourquoi le monde leur paraît si étrange.

Les Entités : Des esprits avides s'attachent parfois à des gens, des animaux, des plantes ou des lieux et se nourrissent de leur énergie vitale. Il est relativement simple de se détacher d'eux mais il vaut mieux se souvenir que la peur ne fait qu'augmenter leur faim et leur satisfaction ! Les reproches et les jugements n'y font rien ! À l'exemple des Fantômes sans visage et de la Fille hantée, ils sont parfois redoutables. Dans ce cas, les cartes vous avertissent de vous méfier d'eux et des humains qui possèdent les mêmes attributs parasites !

Les Personnages historiques : Ici et là, au fil de ces cartes peuplées d'êtres aux grands yeux, vous reconnaîtrez des personnages historiques comme le Docteur Peste, avec son masque pointu farci d'herbes médicinales. De quoi parle-t-il ? De maladie ou de peur ? Vous verrez peut-être un ancien chronomètre ou bien l'Ange du Temps. Contrairement aux représentations ordinaires et stéréotypées de ces êtres, les œuvres superbes de Jasmine Becket-Griffith déchirent le voile entre le monde réel et le monde d'ombre et de lumière pour vous éveiller à la VRAIE réalité, présente à tout moment autour de vous !

D'OÙ VIENNENT CES ÊTRES ?

Nous savons qu'il existe de nombreux royaumes magiques : le Royaume Féérique, le Royaume des Dragons, le Royaumes des Anges et des Maîtres. Nos autres humains entretenons des relations avec les esprits des logis et des lieux, avec les spectres des ancêtres et d'avisées petites sorcières depuis la nuit des temps. L'entraide a toujours fonctionné dans les deux sens jusqu'à ce que nous nous détournions de ces êtres magnifiques, convaincus par d'autres qu'il fallait se méfier de ces amis-là. Mais soyez rassuré : il suffit de leur demander leur aide pour qu'ils vous l'accordent de nouveau. Même si elle vous est consentie d'un air grincheux, cette aide vise toujours le bien de tout et tous. La présence des êtres d'ombre et de lumière vous soutiendra toujours dans votre quête d'une vie meilleure.

Afin de mieux comprendre ces délicieux êtres sagaces, il est utile de savoir d'où ils viennent. Ils sont avec nous depuis bien plus longtemps qu'on ne le suppose : en général ils ont traversé d'importantes périodes de notre histoire culturelle ou personnelle.

Certains viennent de lieux physiques de la Terre, comme Amara l'Hawaïenne. L'être appelé Kali sur la carte du même nom vient de la philosophie indienne et du vaste empire du sous-continent indien. Les Fantômes sans visage sont d'origine japonaise. D'autres sont nés dans les mondes entre les mondes et sont semblables aux forces de la nature : la Sirène de l'Éclipse est d'origine cosmique, l'Ange des Neiges d'origine céleste (mais pas son attitude !) et d'autres encore avec leurs manières courtoises et désuètes viennent du Sud profond des États-Unis ! La Voyante ailée par exemple est née et réside dans l'entre-deux mondes, un royaume où le passé, le présent et le futur ne sont pas encore tissés. Tous sont inhabituels et non-conformistes, serviables et affectueux, mais parfois un peu effrontés !

COMMENT SE SERVIR DE L'ORACLE DES ÊTRES DE L'OMBRE ET DE LA LUMIÈRE ?

Quel est le but de cet oracle ?

Les êtres humains recherchent depuis toujours la sagesse des oracles : il y a bien longtemps on se rendait dans des lieux sacrés pour parler à la Pythie en transe (*pythie* signifie prêtresse) et lui demander ce que recelait le futur. De grands rois ont franchi des frontières pour parler à l'Oracle de Delphes et connaître l'issue de batailles prochaines. Mais la plupart des gens communiquaient plus simplement avec les esprits de la terre, de la mer et du ciel, des oracles qui n'étaient autres que les êtres d'ombre et de lumière. Avec le temps, nous avons perdu le contact avec eux, car l'on nous a encouragés à nous tourner vers des experts (comptables, avocats, médecins ou prêtres) ou encore à nous en remettre à nous-mêmes en priant pour que tout aille bien. Dans cette partie du monde, on nous a aussi enseigné qu'il est néfaste de rechercher le conseil des oracles et que la seule solution est de prier un Dieu censé résider quelque part bien au-dessus de nous.

En réalité, s'adresser à un oracle est une sorte de prière. Même si ce jeu vous conseille de consulter certains êtres ou certaines énergies dans les périodes de bouleversement et d'incertitude, vous êtes bien en train de prier et de demander conseil. Chacun des êtres qui peuplent l'*Oracle des êtres de l'Ombre et de la Lumière* est là pour solutionner les problèmes et les questions – les nôtres sont d'une nature plutôt spéciale aujourd'hui ! Ces êtres ont des visages épais, des ailes en lambeaux, des attitudes insolentes et de grands yeux qui regardent au fond de vous. Mais ils vous disent la vérité et ne vous demandent pas d'être sage, d'obéir ou de vous apaiser. Ils ne vous demandent pas de délaisser votre vrai moi et d'être normal afin de vous fondre dans le décor.

Prenez garde : vous adresser à ces êtres aura des effets secondaires dans votre vie ! Vous vous exprimerez pour la première fois ! Vous éclaterez de rire tout haut ! Vous vous apercevrez soudain que telle ou telle situation ne mérite pas tout le sérieux qu'on semble vouloir lui attribuer. Vous vous soucierez sans doute moins de ce que les autres pensent et davantage de ce que vous ressentez. Vous retrouverez des fragments de votre âme en chemin et vous commencerez à vous construire une vie plus exigeante, plus excitante, plus vibrante et authentique. Vous deviendrez ce que vous étiez destiné à être, plutôt que ce que vous êtes devenu.

Consulter l'*Oracle des êtres de l'Ombre et de la Lumière* revient à demander à des diseurs de vérité de vous la fournir toute crue : ils ne prendront pas de gants !

Comment se servir de l'Oracle des êtres de l'Ombre et de la Lumière ?

Quand vous consultez un oracle, peu importe qu'il ou elle ait les mains sur les hanches ou du feu dans les yeux, vous pénétrez en territoire sacré. Le degré de vérité de votre réponse dépend de la manière dont vous avez approché l'oracle.

* N'oubliez pas que vous entrez dans un monde particulier : assignez un espace sacré à cet échange. Il peut être suffisant d'annoncer vos intentions, mais si vous avez un peu de temps, allumez une bougie et rendez hommage aux quatre éléments avant d'invoquer l'oracle. Plus vos buts sont clairs et précis plus les échanges entre vous et l'oracle seront significatifs.

* Formulez une question dans votre tête et demandez qu'on vous dise la vérité !

* Pendant que l'oracle vous parle, vous êtes en quelque sorte entre deux mondes. Il n'y a ni passé, ni présent, ni futur – tout est énergie pure, tout peut être retissé durant ce moment prophétique. N'oubliez pas que vous pouvez modifier la trame de votre existence à tout moment.

* Le but véritable de la divination est de nous mettre en contact avec la source de l'Univers, une sorte de Soi universel qui va bien au-delà de la personnalité sociale. Les êtres qui peuplent l'oracle sont heureux de vous rendre service, de même qu'ils sont heureux de vous dire la vérité, de vous faire part de leurs connaissances et de vous tenir gentiment compagnie si c'est de cela dont vous avez besoin. Ils sont parmi les êtres les plus gentils et affectueux que j'aie jamais rencontrés.
Du premier au dernier, les messages prophétiques que j'ai reçus de ces petits êtres imprévisibles ont toujours été uniques et utiles, parfois de manière très inattendue. Ils m'ont appris à écouter et à ne faire qu'un avec la vérité divine, à l'intérieur comme à l'extérieur de moi-même.

Quelle différence y a-t-il entre un jeu de tarot et un jeu d'oracle ?
On me pose souvent cette question et voici la réponse la plus simple que je puisse vous donner. L'*Oracle des êtres de l'Ombre et de la Lumière,* tout comme d'autres oracles fournit des réponses grâce à une conversation directe entre l'être représenté sur la carte et le consultant. Vous faites ensuite ce que vous voulez des informations et des conseils que vous avez reçus. Le tarot de Marseille est un oracle structuré par une tradition vieille de milliers d'années.

Il comprend 22 *Arcanes majeurs* qui représentent les différents stades archétypaux d'une vie (les mots « arcanes majeurs » se traduisent approximativement par « grands secrets » ou « puissants mystères). *56 Arcanes mineurs.* Les Rois, Reines, Cavaliers et Valets symbolisent les gens dans la vie du consultant. Les arcanes mineurs sont divisés en quatre *Suites,* nommées Épées, Coupes, Bâtons et Deniers et possèdent de nombreuses correspondances astrologiques, élémentaires et émotionnelles.

Les cartes de tarot ont des milliers d'années : certains disent qu'elles descendent des 72 pages du Livre Perdu de Thot, le dieu égyptien des scribes, du savoir et de la communication. On dit que ce livre a été brûlé lors de l'incendie de la bibliothèque d'Alexandrie en l'an 52 de notre ère. Pourtant les êtres de l'*Oracle des êtres de l'Ombre et de la Lumière* et les oracles de la nature sont encore plus vieux.

COMMENT EFFECTUER UN TIRAGE ?

Il est très important que vous développiez une étroite proximité avec votre *Oracle des êtres de l'Ombre et de la Lumière.* Les êtres de l'Oracle sont très sociables et ils vous feront d'autant plus confiance s'ils en viennent à vous connaître. Emmenez-les partout avec vous, jouez avec eux et parlez-leur tous les jours. Prenez le temps de vous relier au jeu : soyez respectueux des cartes – ce sont des œuvres d'art après tout – mais livrez-vous à elles car elles sont chargées d'énergie sacrée. Personnellement, je les transporte dans un petit sac spécial que j'ai cousu il y a des années, je dors avec elles sous mon oreiller et je les ai continuellement à portée de main. Et je leur parle ! Faites de même et vous établirez des liens d'amitié solide et de confiance profonde avec votre jeu !

Mélangez soigneusement les cartes. Ce faisant, continuez de vous concentrer sur votre question. Quand vous sentez que les cartes sont suffisamment mélangées, arrêtez-vous.

Coupez le jeu. De votre main « sensible », c'est-à-dire la main gauche si vous êtes droitier et la droite si vous êtes gaucher – coupez ou divisez le jeu en trois paquets puis rassemblez-les dans l'ordre qui vous convient.

Vous êtes maintenant prêt à tirer les cartes et à les interpréter. Vous pouvez commencer par essayer quelques-uns des tirages expliqués ci-dessous. Rappelez-vous qu'il y a de l'ombre et de la lumière en toutes choses, messages ou interprétations.

TROIS TIRAGES AVEC L'Oracle des êtres de l'Ombre et de la Lumière

Tirage simple : passé, présent, futur

Éclaircissez vos pensées et veillez à n'avoir ni froid ni chaud, ni faim ni sommeil quand vous procédez à un tirage. Restez tranquille pendant quelques minutes et concentrez-vous sur la paix intérieure de votre être profond. Prenez conscience de votre respiration, des battements de votre cœur, de vos pensées… Écoutez le son du monde entre les mondes… Prenez conscience de sa présence…

Quand vous vous sentez calme et l'esprit clair, mélangez les cartes. Puis coupez-les en trois paquets. De la main gauche (si vous êtes droitier) rassemblez les trois paquets.

Ensuite, prenez la première carte au-dessus du jeu et placez-la à gauche. Prenez la seconde carte et placez-la au centre. Prenez la troisième carte et placez-la à droite.

La carte de gauche représente le monde souterrain, le passé, ce qui s'en est allé.

Le carte du milieu représente le présent, ce qui a été créé et qui se manifeste dans l'ici et maintenant.

La troisième carte représente le résultat ou l'issue dans le futur de ce qui est arrivé dans le passé et existe dans le présent. N'oubliez pas que rien n'est gravé dans la pierre. Si vous avez tiré une carte et que vous ne voulez pas que son énergie prenne forme dans le présent, prenez la responsabilité de la changer. Assumez vos choix ! Vous avez le pouvoir et la liberté de retravailler votre monde au moment présent en transformant le futur. Aucun destin rigide ou impersonnel ne nous pousse de la main. Au contraire, c'est vous qui écrivez le livre de votre vie et l'*Oracle des êtres de l'Ombre et de la Lumière* vous aide à reprendre possession de votre pouvoir afin que vous meniez une vie authentique, honnête et créative.

Les cartes sauteuses

De temps en temps, un être veut vous faire parvenir un message et cela se traduit par le plus magique des « tirages » : une carte sauteuse. Tandis que vous mélangez le jeu, une carte tombe en voletant et vous transmet un message auquel il convient de prêter grande attention ! D'autres fois, après avoir effectué un tirage, une des cartes se mettra peut-être à tourbillonner sur la table. N'oubliez pas de vous interroger là encore !

Tirage simple en forme de croix celtique

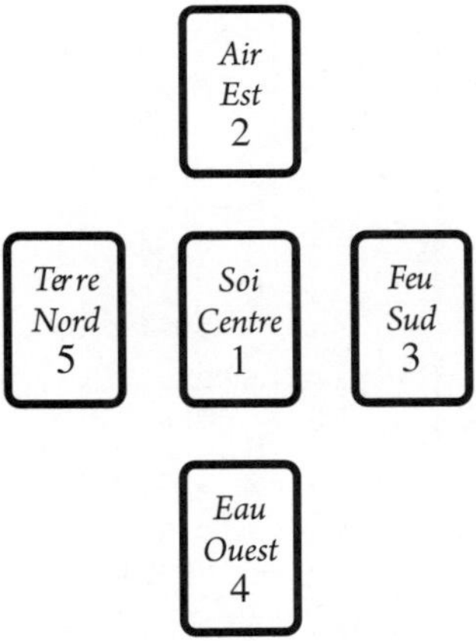

Éclaircissez votre esprit, détachez-vous des émotions fortes et formulez votre question doucement mais sûrement en pensée.

Posez votre question.

Commencez à mélanger les cartes, coupez et apprêtez le jeu.

Prenez la première carte du dessus, placez-la au centre. Elle vous représente au moment présent.

Prenez la deuxième carte, placez-la en haut et au centre. Elle représente la position Air : la position intellectuelle, celle de l'esprit. Elle donne des indications sur votre état d'esprit et votre attitude par rapport à votre question. Elle vous montre peut-être que vous vous trompez et vous indique de quoi vous avez besoin.

Prenez une carte et placez-la à droite. C'est la carte du Sud et du Feu. Elle représente la passion, l'intention, ce qui vous motive en l'occurrence, toujours en rapport avec votre question.

Placez une carte en-dessous, au centre. C'est la carte de l'Ouest, de l'Eau. Elle parle de votre réaction émotionnelle, de la manière dont votre psyché réagit à la situation qui vous préoccupe, à son impact sur vous.

Placez une carte à gauche. C'est la carte du Nord, du Corps. Elle vous donne des informations sur la forme manifestée, la santé, l'abondance matérielle et sur ce qui subit des transformations.

Pour obtenir davantage d'indications dans un des domaines symbolisés par ces éléments, placez une autre carte par-dessus.

Prenez votre temps pour tirer les cartes. Notez vos pensées et intuitions dans un Livre des Ombres, une sorte de journal magique. Avec le temps, des modèles récurrents émergeront et vous comprendrez ce qui travaille en vous !

Si vous le souhaitez, vous pouvez modifier les attributs traditionnels des directions pour les adapter à votre situation géographique (ceux-ci correspondent à l'hémisphère Nord).

Tirage caché et révélé

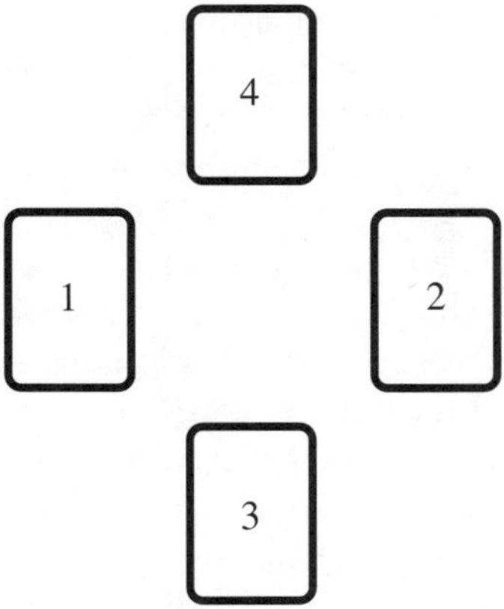

Voici un fabuleux tirage destiné à distinguer les véritables intentions de quelqu'un ou les enjeux réels d'une situation. L'on reçoit très souvent des impressions de personnes ou de situations, amants, amis potentiels, situations de travail ou choix de vie, que l'on ne peut vérifier dans les faits. Il arrive aussi que l'on éprouve une attirance ou une répulsion immédiate pour une personne sans aucune raison logique. Ou bien l'on se sent poussé à accepter un travail ou à se rendre à tel endroit sans savoir pourquoi.

C'est là que la collaboration des êtres de l'*Oracle des êtres de l'Ombre et de la Lumière* est merveilleusement utile car ils nous fournissent des aperçus sur le mystère de nos réactions, sentiments et intuitions. Bien entendu, l'intuition est un outil très efficace et, avec le temps, tout finit par devenir clair. Mais on n'en tient parfois pas compte et on préfère réprimer ses sentiments en se persuadant que c'est la meilleure chose à faire.

Ce tirage vous permet d'aller plus loin que les apparences avec quelqu'un que vous voulez mieux connaître par exemple. Il est aussi de grande utilité quand vous vous trouvez face à une opportunité et ne savez pas avec certitude que décider.

Mélangez votre *Oracle des êtres de l'Ombre et de la Lumière* en vous peignant une image mentale de la personne ou de la situation en question. Si vous ne savez pas à quoi ressemble cette personne, pensez simplement à son nom. Divisez le paquet en trois, en vous servant de la main gauche puis rassemblez-le toujours de la main gauche.

Posez la question : Qu'y a-t-il de caché en ce moment ? Prenez la première carte du dessus et posez-la à gauche.

Posez la question : Qu'y a-t-il d'évident en ce moment ? Prenez la deuxième carte du dessus et posez-la à droite.

Posez la question : Pourquoi suis-je attiré(e) par lui/elle/cette situation ? Tirez une troisième carte et posez-la en dessous.

Enfin demandez : Que dois-je faire à présent ? Tirez une quatrième carte que vous placerez au-dessus. Vous avez maintenant une sorte de losange.

Consultez le livret d'interprétation pour les réponses et essayez de mettre en forme les interprétations que vous y trouverez. Même si elles ne semblent pas correspondre, elles sont porteuses de véracité. Prenez des notes dans votre journal intime magique et laissez les images vous parler, en soulignant ce qui vous frappe immédiatement. Travaillez avec les énergies subtiles qui apporteront plus de profondeur à votre interprétation… et permettez à la carte d'agir comme une sorte de porte qui vous fera voir, sentir et entendre les êtres d'autres mondes. N'omettez pas cependant de lire d'abord l'interprétation dans ce livret afin de vous mettre sur la bonne voie avec l' « énergie » appropriée.

Ne vous contraignez pas à reproduire uniquement les tirages cités ci-dessus. Il existe bien des manières de faire parler un oracle. Expérimentez vos propres manières ou adaptez celles dont vous vous êtes déjà servies. Laissez libre cours à votre imagination. Mais tirez au moins une fois les cartes sous les formes précédentes car cela vous permettra de vous relier psychiquement au jeu en l'aidant à mieux vous connaître.

*Puis-je tirer les cartes pour d'autres personnes avec l'*Oracle des êtres de l'Ombre et de la Lumière *?*
Oui, bien sûr. Vous pouvez vous en servir dans le cadre d'une activité professionnelle ou bien simplement pour aider une amie un peu perdue. Dans tous les cas, les cartes adresseront leurs messages à ceux que vous leur présenterez. Mais elles restent d'abord liées à vous et votre énergie dépend d'elles. Elles vous donneront peut-être des messages pour d'autres personnes, sans même avoir à les consulter spécifiquement.

À quelle fréquence puis-je me tirer les cartes ?
Vous pouvez les tirer tous les jours. En fait, c'est merveilleux de commencer la journée par un tirage ou d'incorporer une carte particulière dans votre méditation matinale. Mélangez-les simplement et tirez une carte au hasard. Elle représentera l'énergie du jour et le conseil le plus utile pour vous à ce moment-là. Emportez la carte avec vous ou bien placez-la sur un autel chez vous. L'être et l'énergie de la

carte seront vos alliés durant la journée, à portée de main quand vous en aurez besoin.

Je souhaite sincèrement que ce magnifique *Oracle des êtres de l'Ombre et de la Lumière* vous aide au mieux avec son soutien, son honnêteté et son pouvoir de guérison. J'ai vu moi-même les êtres qui le peuplent faire preuve de sagesse et de courage, m'avertir quand il le fallait et me remonter le moral avec leur délicieuse irrévérence et leur amour de la liberté ! Vous êtes entre de bonnes mains : je sais que l'*Oracle des êtres de l'Ombre et de la Lumière* vous apportera de lumineux bienfaits.

Signification des cartes

Carte 1 :

Le Fantôme du Potager

Son message : Regardez le bon côté des choses

Le Fantôme du Potager :
Cette adorable petite personne à l'air désespéré est presque transparente et si tranquille que beaucoup, au lieu de la remarquer, pensent n'avoir vu qu'une traînée de brume... Mais pendant ce temps, elle se tient devant eux pour leur rappeler quelque chose de très important : que la saison de la moisson arrive bientôt et que les moissons non-récoltées reviendront les hanter s'ils ne regardent pas autour d'eux immédiatement. Le Fantôme du Potager n'est pas invisible, il est toujours là pour rappeler que les saisons changent et que la récolte doit être rentrée. Ceux qui restent sur terre ne le font pas toujours pour nous « hanter » : ils sont là pour nous aider et s'en vont une fois leur devoir accompli. Cette petite personne adore sa demeure brumeuse et elle aime se montrer à ceux qui ont oublié

de prendre le bon côté des choses. Elle apparaît toujours au moment exact où l'on a oublié la chance que l'on avait.

Le Fantôme du Potager vous parle :
« L'un des bienfaits de votre vie vous échappe car il est déguisé et presque invisible. Vous devez vous tenir debout dans votre champ, c'est-à-dire votre vie, et regarder autour de vous. Voyez tout ce qui vous a été donné et rendez grâces. Vous avez oublié la valeur de ce que vous possédiez et de tout ce que vous obtiendrez à l'avenir. Ma saison est la récolte : il est temps pour vous de récolter, d'engranger la joie et l'amour dont vous disposez en si grande quantité et de les redistribuer autour de vous. »

Message divinatoire :
Quelque chose de précieux vous entoure mais vous est devenu si familier que vous le remarquez à peine. C'est devenu une telle constante dans votre vie que l'habitude a engendré, sinon du mépris, du moins une sorte d'aveuglement en vous. Cette jolie petite fille fantôme dans le potager vous demande de reconnaître l'abondance qui vous entoure et de l'apprécier tant que vous possédez encore une forme physique. Elle vous souhaite de récolter ce que vous possédez au moment présent et d'entamer des démarches pour réclamer le paiement de dettes (il y a peut-être des questions d'argent non-réglées liées à cette carte), puis d'en partager le bénéfice. Ne laissez personne vous tromper mais souvenez-vous que vous ne possédez rien en propre. Les biens ne font que passer entre vos mains. Cependant tout ce que vous avez gagné à la sueur de votre front mérite que vous le protégiez, car ce n'est ni ordinaire ni insignifiant ! Votre prospérité matérielle est plus importante que vous ne le pensez. Pensez à vous souvenir tous les jours de votre prospérité et votre bonheur !

Carte 2 :

La Fée Absinthe

Son message : Intoxication, distorsion, excès d'indulgence

La Fée Absinthe :

Si la Fée Absinthe se montre dans votre jeu, il est probable que votre entourage ou vous-même avez sous-estimé l'importance des dépendances que vous avez envers des comportements ou des substances. Vous savez comment cela se passe : vous commencez par boire un verre tous les soirs après le dîner et bientôt vous en buvez deux ou trois. Si vous ne buvez pas, il s'agit peut-être de nourriture ou même de pensées négatives auxquelles vous vous adonnez sans restriction. Les commérages tombent aussi dans le domaine de la Fée Absinthe : c'est peut-être délicieux de dire du mal des autres, mais cela laisse un mauvais goût dans la bouche. Quand elle apparaît, sachez que son cadeau est de vous faire prendre conscience de ce que vous vous cachez à vous-même. Ne l'ignorez pas et remerciez-la de pointer du doigt vos tendances à la dépendance. Reconnaissez leur pouvoir sur vous, renoncez-y et recherchez un soutien qui vous aidera à ne plus vous sentir vide et désorienté.

La Fée Absinthe vous parle :

« Je suis là pour vous tenter. Cette sensation que je vous offre est délicieuse et, après tout, la dépendance n'est qu'une petite chose insignifiante. Une petite gorgée ne va pas vous faire de mal, n'est-ce pas ? Je suis la fée verte et j'apparais quand vous avez déjà pris plus de trois verres de ce breuvage fatal qui vous enivre. Allons, encore un peu ! Sous cette indolence bienheureuse se cachent la peur et la confusion et les choses sont sans doute très différentes de ce qu'elles semblent être. Prenez donc un peu plus de ce calmant, ce morceau de sucre imprégné de potion brûlante et réprimez cette petite voix qui vous avertit. Approchez-vous et reprenez-en un peu. C'est une si petite quantité… Cela ne peut pas vous faire de mal, n'est-ce pas ? »

Message divinatoire :

Cessez immédiatement ! Une alarme vient de se mettre en marche, vous mettant en garde contre la dépendance, l'intoxication et le délire. Votre moi supérieur sait que si vous acceptez encore de cette merveilleuse potion que l'on vous offre (que ce soit sous forme de relation, de nourriture, d'alcool, de sexe ou de paroles nocives), cette complaisance vous éloignera définitivement du bien-être et de la clarté d'esprit. Rappelez-vous que quand vous êtes tenté, vous n'avez pas besoin de fuir, de maudire cette adorable petite fée et moins encore de céder. Vous devez seulement rester sobre et clair. Vous savez que vous êtes pourchassé par une terrible dépendance et que vous hésitez, pris dans son délire. Ce n'est pas le moment de faire du déni : vous avez une chance de vous libérer.

Carte 3 :

La Fée du Fanal

Son message : Elle vous guide, mais dans quelle direction ?

La Fée du Fanal :
Quand une voie semble se dessiner clairement, il est quelquefois utile de savoir qui porte le fanal. Car qui sait si la belle Sirène du Fanal est en train de guider ce navire égaré vers le port ou vers les récifs ? C'est le choix que vous devez faire à présent. Cette direction brillamment éclairée est-elle la bonne ? Et ce fanal est-il porté par un véritable guide ? Ou bien devez-vous attendre un autre secours pour échapper à l'orage ? À moins que vous ne soyez si pressé de l'éviter que vous suiviez la première lueur qui se présente ?

La Fée du Fanal vous parle :
« Je tiens la lampe mais c'est vous qui devez décider si la direction que je vous indique est la bonne. Je vous mène peut-être vers votre salut,

ou peut-être ne suis-je qu'en train de rassembler des âmes pour les faire périr sur les récifs, noyées dans les mers froides. Je sais que c'est difficile à comprendre… L'aide que je vous fournis n'est pas garantie mais je veux que vous sachiez que ceux qui travaillent dans la lumière ne sont pas ceux que vous devez suivre en ce moment. Je comprends ce que tout cela a de déroutant. Mais je vous assure au moins d'une vérité : vous devez trouver votre propre chemin. »

Message divinatoire :
Une solution parfaite se présente pour un problème donné, mais il n'est pas certain que vous deviez vous en saisir. Vous possédez peut-être plus de ressources que vous ne le croyez ou ne voulez le croire. Ne vous hâtez pas de vous emparer de la première opportunité qui se présente. Attendez et écoutez à la fois vos informateurs et votre sagesse personnelle. Il existe de nombreuses voies et de nombreuses solutions. Tout avis n'est pas bon à prendre.

Carte 4 :

L'Ange des Neiges

Son message : Les signes sont déjà là !

L'Ange des Neiges :
Cet ange femelle fait partie des nombreux êtres auxquels on a assigné la mission de graver des signes dans les lieux les plus dénués de vie : elle laisse des messages pour ceux qui ne peuvent pas voir et les renouvelle encore et encore, jusqu'au jour où ceux sur qui elle veille finiront par ouvrir les yeux ! C'est à ce moment-là seulement qu'elle pourra passer à une autre mission. En acceptant sa protection, vous la libérez et lui permettez de faire profiter autrui de ses nombreux bienfaits. Regardez autour de vous et cherchez les traces de sa présence. Elle fait se sentir dans les neiges de l'hiver et dans les sables du désert. Notre aveuglement nous empêche de comprendre que c'est elle qui nous protège et non la vie elle-même. Ouvrez les yeux en présence de l'Ange des Neiges ! Prenez conscience de ses bienfaits et commencez une nouvelle vie !

L'Ange des Neiges vous parle :
« Han ! Voilà. S'ils manquent celui-là, je ne sais vraiment pas ce qui les convaincra ! Je devrais peut-être rester ici un moment et battre des ailes pour qu'ils me remarquent ! Je laisse partout des traces claires de ma présence et je me reflète même dans la neige froide mais ils ne cessent de demander « Où est mon guide ? » Me voilà, je suis ici. Je continuerai à laisser des traces dans la neige et des signes dans le vent, je leur parlerai d'une voix douce la nuit et les pincerai gentiment mais qu'ils arrêtent de demander des réponses ! Ils ne cessent d'en recevoir et n'en entendent aucune parce qu'ils n'arrivent pas à y croire ! »

Message divinatoire :
Vous avez déjà reçu des signes très clairs, ceux-là mêmes que vous n'avez cessé de demander. L'Ange des Neiges vous répond encore une fois mais vous refusez d'entendre son message car vous ne croyez pas à sa présence ! Vos peurs et vos hésitations vous freinent. Le moment est venu d'affronter ce qui vous a déjà été montré et d'agir sans hésiter. L'Ange des Neiges vous a déjà assuré de sa protection et de son affection : à présent vous devez faire de même pour vous-même. Oui, vous le pouvez ! Ouvrez-vous à sa présence angélique !

Carte 5 :

Farces ou Friandises

Leur message : Nous voilààààà !

Farces ou Friandises :
Toc-toc ! Nous voilàààà ! À la porte ou à la fenêtre, habillés de noir, ils sont quatre ! Ils ont l'air effrayant mais prenez le temps de les questionner sur ce qu'ils ont mijoté dans leur chaudron. C'est peut-être une merveille et non une horreur comme vous le craignez. Il vous faudra du courage pour découvrir la vérité ! Si vous en rassemblez suffisamment vous découvrirez qu'il n'est nul besoin d'avoir peur de l'apparence de la mort : elle n'est là que pour vous faire changer ! Jack-la-Lanterne est là pour vous aider à mettre en lumière quelque chose que vous avez refusé de voir jusqu'à maintenant. Et cette petite sorcière avec son apprenti ? Ils sont prêts à vous aider à comprendre la profondeur de la magie que vous possédez en vous. Ne craignez rien !

Les Farces ou Friandises vous parlent :
« Nous avons l'air sombre et effrayant mais en réalité nous sommes drôles et paisibles ! Ne nous jugez pas sur les apparences et prenez le temps de découvrir ce que nous voulons. Ne voyez-vous pas les ficelles ? Il faut que vous exerciez votre pouvoir de clairvoyance, vos capacités à découvrir la vérité sans vous en remettre aux apparences. Nous voulons vous rencontrer afin d'écouter votre histoire et vous faire part de notre expérience ! »

Message divinatoire :
C'est à vous de décider si vous allez prendre le temps de découvrir la réalité des choses ou simplement vous en remettre à ce que vous en apercevez au premier coup d'œil. Les Farces ou Friandises vous aident à voir au-delà du conditionnement et des vieux schémas de pensée. Ce faisant, ils vous révèlent un monde de merveilles plus étonnant que tout ce que vous aviez imaginé ! Tout ce dont vous avez besoin, c'est d'un peu de courage !

Carte 6 :

L'Automne de la Dernière Chance

Son message : Ne perdez pas espoir !

L'Automne :

Solitaire et désorienté, ce petit être fragile tient dans sa main une pomme de sagesse, mais l'espoir s'évanouit rapidement… Cette petite fée est bien couverte pour affronter le froid car le paysage morne et désolé de l'automne n'offre aucun confort. Pourtant elle tient dans sa main une source de vie et d'espoir : une brillante pomme rouge ! Grâce à ce fruit, elle pourra se nourrir jusqu'à la fonte des neiges. Elle pourra aussi en récolter les pépins et les planter au printemps afin de ne plus jamais avoir faim. La récompense de cet acte ira bien au-delà de la durée de sa propre vie.

Elle tient la pomme mais craint d'y mordre. Elle la garde pour un jour de grand froid ou pour le moment où elle n'aura plus le choix.

Elle réalisera bientôt ce qu'elle possède et s'en servira de nourriture et de réconfort. L'hiver sera alors presque terminé. Mais il ne peut pas finir tant qu'elle n'a pas pris une bouchée !

La Fée Automne parle :
« Je passe le temps à attendre de l'aide, de l'espoir mais tout est si froid autour de moi. Je ne trouve pas ce que je cherche et à présent j'ai peine à me souvenir de ce que je cherchais avant de me sentir si perdue. Mais je sais que je possède cette pomme et que quand j'en aurai besoin, je mordrai dedans et que tout ira bien. »

Message divinatoire :
Il est temps de cesser de vous en remettre aux autres pour le réconfort et la nourriture dont vous avez besoin et que vous seul pouvez vous apporter. Attendre qu'on vous les fournisse ne vous conduira qu'à ronger votre frein tout seul dans votre coin. Prenez plutôt conscience de ce que vous possédez déjà et réjouissez-vous ! Apprenez à apprécier cette pomme dans vos mains et récoltez ses pépins d'amour pour les planter. Ce fruit unique et magique vous apportera l'abondance, la clairvoyance et la capacité à vous aimer car vous le méritez. Prenez une bouchée de sa chair juteuse afin de vous engager à vous aider vous-même et vous vous libérerez de votre besoin d'approbation, de refuge et de sauvetage. Il n'y a qu'un seul vrai salut et c'est celui de la vie. Allez-y ! Mordez dedans !

Carte 7 :

Poe

Son message : Le moment est venu d'apprendre à manier de nouveaux outils

Poe :

Cette adorable jeune fille, surnommée Poe d'après le célèbre écrivain Edgar Allan Poe, a cessé de se lamenter sur les changements introduits par le progrès. Au lieu de cela, elle constate son avancée et en considère les aspects positifs et négatifs, le côté ombre comme le côté lumière. Vous devez décidez des transformations que vous allez opérer afin de vous mettre en phase avec les avancées techniques et énergétiques disponibles. À un certain point, en mélangeant l'ancien et le futur, vous mettrez en œuvre le pouvoir qui gît actuellement dans votre vie à l'état stationnaire. Il est grand temps de vous mettre en mouvement et de commencer à apprendre. Vous n'avez rien à craindre. La technologie en question peut être utilisée à bon escient, afin d'informer les gens de ce que vous pouvez leur apporter !

Poe vous parle :

« Tic-tac, tic-tac, les temps changent et vous changez avec le temps tout en restant vous-même ! Vous appartenez à la fois à l'ancien et au nouveau monde. Ce dernier arrive à la même allure que ce train à vapeur qui m'a coupé le souffle naguère. Faites soigneusement vos plans ; quand vous choisirez de vous servir des nouvelles technologies ce sera avec grâce, intégrité et sans crainte. Tous ces changements peuvent servir un but authentique et sacré. Vous ne connaissez que trop bien le pouvoir de destruction de l'industrialisation, de la pollution et de l'automatisation. Mais vous savez aussi comment utiliser ces choses avec profit ! Le moment est venu pour vous d'examiner avec discernement les technologies qui serviront à réaliser vos rêves ! »

Message divinatoire :

Nous sommes passés d'un monde industriel à un monde postindustriel, dans lequel la manière dont nous interagissons avec la nature a changé du tout au tout. Réfléchissez à ce que sont aujourd'hui vos rapports avec les nouvelles technologies. Y a-t-il des buts sacrés au service desquels vous pouvez les mettre ? Si vous vous sentez intimidé par ces nouveaux outils, choisissez un domaine que vous aimeriez apprendre. Ce peut être aussi simple que d'apprendre à vous servir d'un lecteur MP3, trouver le bon câble pour un branchement, prendre un cours de création de sites web ou concevoir une carte de visite professionnelle. Définissez un domaine d'étude et efforcez-vous de mettre vos acquis au service d'un but valable dans votre vie.

Carte 8 :

La Fée Grincheuse

Son message : Ne vous mentez pas !

La Fée Grincheuse :
La petite Fée Grincheuse est lasse d'être jugée par des gens qui mettent leur nez partout. Ils se permettent d'affirmer qu'elle n'a pas l'air heureuse et qu'elle ne devrait pas se comporter ou s'habiller comme ça. C'est vraiment épuisant de marcher dans la rue ou d'aller au travail et d'entendre sa famille, ses amis ou ses collègues jauger votre apparence ! Il est vrai qu'elle a l'air bizarre et qu'elle ne sourit pas à moins d'en avoir envie. Elle se tait la plupart du temps et est souvent de mauvais poil ! Mais ce n'est pas une perturbatrice et elle n'est jamais cruelle : elle sait seulement qu'il faut être réaliste et qu'il ne sert à rien de faire semblant de sourire quand on a seulement envie de froncer les sourcils avant de se mettre à glousser !

La Fée grincheuse vous parle :

« Je veux être libre d'être moi-même sans que tout le monde me donne son opinion ! J'aime être différente et je ne changerai pas à moins d'en avoir envie ! Je n'ai pas besoin de m'adapter, j'ai seulement besoin d'être authentique. Les gens qui pensent que je devrais me coiffer mieux, porter une jolie robe et sourire, n'ont qu'à bien se tenir ! Certains poussent des cris d'horreur devant les tatouages, les piercings et les vêtements noirs... Mais vous savez quoi ? Ce sont les gens qui ont l'apparence la plus effrayante qui sont souvent les plus gentils et les plus paisibles. Vous aussi, vous êtes enthousiaste, joueur, méfiant et rigolard. Soyez vous-même. Rebellez-vous si besoin est. Qui sont-ils pour vous dire comment vous habiller ou vous comporter ? Des conformistes, voilà ce qu'ils sont ! Crevez leur bulle d'ennui et déchaînez-vous ! »

Message divinatoire :

Pour certaines personnes, il n'est tristement question que de s'adapter et de jouer selon les règles. C'est parce qu'ils s'imposent tellement de contraintes qu'ils sont déçus que les autres se sentent libres de s'exprimer de toutes les manières possibles. Quand la Fée Grincheuse apparaît, il est temps d'apprendre à être vous-même au jour le jour ! Portez du noir ! Faites-vous faire un piercing ! Teignez-vous les cheveux en violet ! Buvez du café ! Jouez de la batterie ! Mais ne faites pas semblant. Ne souriez pas et ne soyez pas mielleux uniquement parce que vous croyez qu'il le faut. Soyez authentique, soyez drôle, soyez vous-même. Faites des expériences, cherchez votre voie. Alors seulement vos sourires seront de vrais sourires qui réchaufferont le cœur de tous.

Carte 9 :

Les Trois Sœurs Sorcières

Leur message : le Pouvoir du Trois

Les Trois Sœurs Sorcières :

Ces trois sœurs sorcières sont des triplettes et elles ne se séparent jamais. Elles travaillent ensemble à la force, l'enracinement et la simplicité de leurs pouvoirs magiques. Leurs chapeaux pointus sont destinés à les relier au savoir céleste – tout ce qui existe au-dessus de nous – et quand elles les enlèvent elles se relient à la terre – ce qui est en-dessous. Elles excellent dans l'art de ressentir les énergies et elles rendent souvent visite aux gens qui savent que quelque chose ne va pas dans leur vie sans pouvoir mettre exactement le doigt dessus. Les trois sœurs sont en quelque sorte des antennes magiques et elles utilisent leurs pouvoirs psychiques pour découvrir ce qui se passe réellement. Une fois le problème énergétique identifié, elles fabriquent un antidote et vous en font profiter. Car pour chaque problème existant, il existe une solution magique ! Quand on focalise le pouvoir de manière tripartite, on crée une puissante modification énergétique autour de soi, et le monde change en fonction de la conscience qu'on choisit d'en avoir.

Les Trois Sœurs Sorcières vous parlent :
« Nous sentons une étrange énergie autour de vous et nous essayons de l'identifier pour vous l'expliquer clairement et simplement, sous forme d'onde triple. Car ce problème n'en est peut-être pas un ! C'est tout simplement quelque chose que vous ne comprenez pas encore. Laissez-nous venir à vous pour vous aider, nous vous dirons rapidement de quoi il s'agit. Mais vous devez nous aider aussi en restant éveillé, conscient et attentif ! »

Message divinatoire :
Quelque chose qui est arrivé une fois se répétera une deuxième fois. Quelque chose qui est arrivé deux fois, arrivera encore. Et quelque chose qui est arrivé trois fois est à présent terminé, fini, achevé par les trois sœurs sorcières chargées des fils de la destinée, qui répètent tout trois fois jusqu'à ce que la leçon soit apprise !

Carte 10 :

La Sirène de l'Éclipse

Son message : Une importante modification énergétique !

La Sirène de l'Éclipse :
Tout en flottant dans une mer démontée, cette belle Sirène surveille une puissante modification énergétique. Elle baigne dans cette énergie et interagit avec elle mais n'essaie pas de la diriger dans une direction particulière. Au contraire, elle est prête à s'adapter à son mouvement. La Sirène est calme et tranquille et observe ce qui se passe avec une grande vigilance. Ses yeux reflètent l'énergie de l'éclipse. Tout ce qui était dissimulé en elle est sur le point d'émerger à l'extérieur. Ce qu'elle deviendra dépend de ce qu'elle cachait jusque-là. Les éclipses marquent toujours de grands changements et des prises de conscience, quelquefois inopportunes ou indésirables. Quand une éclipse survient dans votre vie, reconnaissez ses dimensions cosmiques et ses répercussions sur votre monde. Laissez-les venir à

la surface, car durant cette période de bouleversement, rien ne peut demeurer souterrain, caché ou réprimé.

La Sirène de l'Éclipse vous parle :
« Cette modification énergétique dont vous êtes sur le point de faire l'expérience demande de la préparation… Vous n'avez pas besoin de faire des efforts mais vous devez vous tenir prêt ! Attendez-vous à des rêves stupéfiants, des expériences de clairvoyance et surveillez particulièrement votre dépendance à la nourriture, l'alcool ou au tabac. C'est un moment parfait pour commencer un nouveau régime santé, surtout si vous souhaitez réduire des habitudes malsaines.
Vous ne pouvez pas éviter les modifications énergétiques de la vie, de la planète ou même de la galaxie. Soit vous allez dans leur sens et tirez le meilleur parti de leur pouvoir étonnant soit vous ne faites rien et vous êtes submergé. La pire option est de se débattre et de refuser l'arrivée de la nouveauté. Quel sera votre choix quand votre éclipse personnelle se produira ? »

Message divinatoire :
Une modification énergétique et émotionnelle, semblable à une puissante éclipse, se déroule dans votre vie. Il pourrait y avoir des révélations scandaleuses et des vérités dévoilées et vous éprouverez le besoin de changer vos habitudes alimentaires, vestimentaires, oratoires ou même professionnelles. Si vous êtes déjà sur la bonne voie, tout ce qui se passera aura des effets positifs, bien que perturbants. Mais si vous n'êtes pas sur le bon chemin, cette période vous semblera probablement tumultueuse ! Un changement de cette importance vous rapproche forcément de ce que vous êtes : c'est à vous de choisir la manière dont vous voulez traverser cette période. Mais une chose est sûre : toute résistance est inutile !

Carte 11 :

La Fée des Fleurs Séchées

Son message : De doux souvenirs

La Fée des Fleurs Séchées :
Cette jolie petite fée adore collectionner les souvenirs. Elle les tresse comme des guirlandes et leur doux parfum fané lui rappelle d'heureuses époques. Elle vous aide en rassemblant vos meilleurs souvenirs pour les conserver. La Fée possède de magnifiques ailes qui rappellent celles du Monarque, un papillon très coloré connu pour sa capacité à voler sur de très longues distances. Ces souvenirs viennent peut-être de très loin mais où que vous vous trouviez aujourd'hui, ils volent vers vous pour vous délivrer leur message d'amour et de douceur.

Lorsque vous traversez des moments difficiles, la Fée des Fleurs Séchées accourt pour vous montrer un souvenir depuis longtemps oublié qui transformera le moment présent comme par magie. Elle n'est jamais bien loin mais elle s'empresse particulièrement quand les meilleures périodes de la vie semblent révolues à tout jamais. C'est à ce moment-là qu'elle vient à vous pour vous tenir compagnie. Attendez-vous à recevoir des appels d'inconnus, à croiser de vieux amis, à retrouver des photos d'êtres chers et d'autres rappels heureux qui vous parviendront sous les formes les plus variées et les plus émouvantes.

La Fée des Fleurs Séchées vous parle :
« Vous rappelez-vous l'époque où vous jouiez au jardin avec les fées ? Vous rappelez-vous l'époque où vos amis imaginaires vous semblaient plus réels que vos parents ? Et la première fois où vous avez remarqué que votre ombre vibrait dans la lumière ? Où vous avez nagé dans une mer étincelante ? Embrassé votre premier amoureux ? Passé une journée en tous points parfaite ? Découvert un message des anges dans la forme des nuages ? Vous semblez avoir oublié tous ces moments précieux et je me suis occupée de les rassembler et les collectionner pour vous. Je vous les rends à présent afin que votre tristesse prenne fin. N'oubliez pas le bonheur, la béatitude et les petits cadeaux inattendus ! Quand je vous vois sourire et chérir un souvenir, je sais que j'ai fait mon travail ! »

Message divinatoire :
Certains des moments les plus doux et les plus plaisants de votre vie se rappelleront bientôt à vous. Ils n'ont pas de grande signification « historique » mais dans l'histoire de votre vie, ils constituent des étapes-clés. Ce peut être un arc-en-ciel, une étoile brillante, une photo de votre père vous serrant contre lui, ou le fait de savoir que quelque chose que vous avez fait a énormément compté dans la vie de quelqu'un d'autre. Vous possédez tant de trésors : il est temps d'examiner ces précieux souvenirs et de leur rendre hommage en

les revivant. La magie des moments les plus doux de votre vie agira dans le présent et soulagera temporairement vos efforts actuels. Le sentiment transcendant de ne faire qu'un avec tout ce qui existe vous reviendra et vous donnera la force de poursuivre votre route et de faire ce qui doit être fait.

Carte 12 :

La Voyante Ailée

Son message : Vos yeux sont ouverts, clairvoyance

La Voyante Ailée :

La Voyante Ailée est un Ange oracle, un être capable de voir la trame énergétique des évènements et, par conséquent, la manière dont ils se produiront. Elle vous fait parvenir ses messages grâce à vos propres dons de clairvoyance, même si vos visions peuvent vous sembler parfois tout sauf claires. Cependant, à mesure que vous prendrez confiance en vous, vous aurez de plus en plus souvent des éclairs d'intuition qui vous permettront de voir exactement ce qui va arriver dans telle ou telle situation.

La Voyante Ailée vous parle :
« Il y a tant de gens qui cachent la vérité, y compris à eux-mêmes, que mes visites peuvent se révéler difficiles. Je vous aiderai à discerner les mensonges et les demi-vérités et vous aurez aussi des intuitions surnaturelles. Ce sera comme si vous aviez changé d'yeux : vous verrez plus loin, plus haut et plus profond. Vous entreverrez le futur, vous aurez des éclairs de compréhension à propos du passé et vous serez capable de prévoir des issues probables. Je suis l'œil de Râ qui veille tandis que vous dormez et au bout de cette route illuminée devant vous, il y a la révélation, la victoire et la sagesse. Ayez confiance en votre pouvoir de vision sacré. »

Message divinatoire :
Vos dons de clairvoyance sont renforcés par la Voyante Ailée. Vous êtes capable de voir à distance et derrière les portes, de recevoir des images vous informant de ce que font les autres quand vous n'êtes pas là. Ces expériences vous renforceront ou vous effrayeront. Vous vouliez en savoir davantage, découvrir ce que vous ignoriez. À présent que vous savez, vous devez vous montrer courageux et agir en fonction de ce que vous ne pouvez pas expliquer logiquement ! Il est vital, maintenant plus que jamais, d'être honnête avec ce que vous devinez, et par-dessus tout, avec vous-même.

Carte 13 :

Je suis Kali

Son message : Après la mort, la renaissance

Kali :

Kali à la peau bleue est la déesse hindoue de la naissance, de la mort et la renaissance. Dans ce jeu, elle représente la phase de destruction du cycle naturel et son rôle est de dissiper tout ce qui est devenu inutile. On la peint souvent en train de danser avec des épées et on dit qu'elle coupe la tête de tous ceux qui ne tiennent pas compte des cycles naturels. Son collier de têtes décapitées symbolise la fin de l'esclavage engendré par l'esprit hyperanalytique celui-là même qui empêche d'agir. Cette déesse très protectrice est extrêmement puissante et sa férocité terrifie souvent les âmes timides qui craignent les actions décisives. Cependant c'est aussi une mère et elle fournit de l'aide dans les affaires liées aux enfants, aux parents et aux phases de transition douloureuses.

L'énergie de Kali opère dès la réception de son message. Lâchez prise et permettez-lui de vous venir en aide : vous avez besoin de vous débarrasser du passé inutile et de prendre de puissantes décisions concernant votre vie.

Kali vous parle :
« Je danse dans le feu et je manie l'épée pour trancher les liens énergétiques qui vous retiennent. Je ne crains pas l'inévitabilité de la mort car chaque acte de destruction est en réalité un acte de création. Mais il ne s'agit pas de destruction brutale et sans objet. Je ne fais que nettoyer tout ce qui draine votre énergie et j'abrège ces relations qui vous freinent. Que vous en ayez conscience ou non, vous m'avez appelée et je suis venue déblayer le chemin, détruire ce dont vous rêviez de vous débarrasser. Quelque chose doit mourir, qui renaîtra ensuite, car rien ne meurt et tout change. Le moment est venu ! Je suis faite d'énergie feu, je suis la Grande Mère. Tandis que je danse, la mort qui vous fait face vous apporte une nouvelle vie. »

Message divinatoire :
Côtoyer Kali est une expérience intense mais nous avons tous à le faire tôt ou tard. Si vous avez tiré cette carte, vous éprouvez en ce moment l'énergie du feu. La Grande Mère vous enseigne à accepter les changements auxquels vous avez résisté jusqu'ici, elle purifie et change tout. Vous ne devez pas rester immobile car le mouvement est essentiel quand on travaille avec l'énergie de Kali. La férocité de sa nature teste vos propres forces. Pourrez-vous faire ce qui doit être fait et continuer à danser ? Êtes-vous capable de vous réjouir de la purification des vieilles énergies et d'avancer sans hésiter ? Vous sentez-vous prêt à dire oui à ce qui vient vers vous à travers le feu de Kali ? Arborerez-vous fièrement les leçons apprises comme elle le fait avec son collier, sachant que la mort n'est qu'une incarnation à l'intérieur d'une incarnation, une nouvelle existence dans une existence, une vie née du feu ?

Carte 14 :

Marie Mascarade

Son message : Glamour, intrigue, drame

Marie Mascarade :
Marie ressemble beaucoup à Marie Antoinette, reine de France. Elle est délicieuse et distinguée, toujours prête à inventer de fascinants divertissements. Où qu'elle se trouve, elle s'entoure de grand style, de décadence, de moments réellement glamours et de distractions luxueuses. Mais elle sait qu'elle ne fait que s'amuser et qu'il y a un vide au-dedans d'elle. Elle voudrait qu'on l'aime pour ce qu'elle est et exprimer ses talents sans qu'on la juge. Aussi longtemps que vous restez vous-même il n'est pas difficile de devenir son amie. Mais sa compagnie vous fera désirer de lui ressembler. Au-delà de sa beauté, de ses vêtements exquis et de son masque, regardez dans son cœur. Soyez son amie et sa compagne mais n'oubliez jamais qui vous êtes et ce qui vous importe vraiment.

Marie Mascarade vous parle :

« Vous serez bientôt invité à vous impliquer dans une intrigue. Cette invitation sera faite en termes si charmants que la tentation sera forte. Tant de beauté, de talent et de puissance : vous ne pouvez que vous sentir flatté ! Pourtant la vérité est que vous risquez de payer au prix fort ces instants où vous côtoierez la gloire. Soyez sûr de désirer les intrigues qui vont avec, car il y a un sacrifice à la clé et vous n'en distinguez pas encore les conséquences. C'est sans aucun doute très tentant, mais votre intérêt n'est peut-être pas d'accepter l'offre étrange et légèrement corrompue qui va vous être faite. »

Message divinatoire :

Les commérages et les intrigues assiègent une personne que vous admirez et à laquelle vous aimeriez ressembler. Cette personne a besoin d'une véritable amie et pas seulement d'une admiratrice. Marie Mascarade apparaît parfois quand les gens jalousent et envient quelqu'un de plus chanceux qu'eux (sans l'avoir mérité selon eux). Le message qui leur est destiné est de se concentrer sur l'effort de créer leur propre style. Si vous êtes la victime de commérages, sachez que vous ne pouvez rien y faire : vivez votre vie et n'y prêtez pas attention. Là où Marie Mascarade se montre, on peut dire sans se tromper que des personnes se montrent amicales par intérêt. En dépit du succès ou de la beauté, quiconque se trouve dans la position de Marie Mascarade a besoin de vrais amis. Faites une introspection et demandez-vous si vous avez vraiment essayé de vous lier d'amitié au lieu d'en rester aux mondanités… Vous connaissez la différence entre l'amitié simulée et l'amitié véritable, entre l'engouement dû à la mode et l'authenticité, entre imiter et créer.

Carte 15 :

La Fée du Mildiou

Son message : C'est l'heure du ménage !

La Fée du Mildiou :

Certains objets ont l'air dégoûtant pourtant ils ne le sont pas : ce sont des objets très utiles et efficaces si on s'en sert de la bonne manière. Quand la Fée du Mildiou se montre dans votre jeu, il est temps d'examiner ce que vous avez rejeté avant de conclure que cela vous est inutile. Il peut s'agir d'un aspect de vous-même, de votre environnement ou de votre entourage. Il est très important que vous vous ne voiliez pas la face : l'issue de la situation dans laquelle vous vous trouvez dépend du degré d'ouverture avec lequel vous l'abordez.

La Fée du Mildiou vous parle :

« Je suis toujours choquée quand les gens pensent quelque chose du genre « Cela n'a rien à faire ici ! » ... Comme moi par exemple ! Par nature, je pousse où il fait chaud et humide et je sais faire toutes sortes de choses, remèdes ou parasites. Mais je ne cesse jamais de vous montrer ce qui se passe et ce que vous devriez modifier si les conditions sont trop torrides pour vous ! Vous pouvez rafraîchir naturellement votre environnement : ne vous servez pas de produits chimiques trop forts car vous tueriez aussi tout ce qui est utile ! J'apparais quand les choses deviennent malsaines sans que vous l'ayez remarqué ! Soyez reconnaissant et offrez-vous un plat de champignons ou bien faites pousser des algues dans votre jardin car c'est une façon très saine de me rendre hommage ! Et ne piétinez pas sans vous en apercevoir ce lieu magique ! Je dois être au bon endroit… Quelque chose doit être nettoyé avec soin dans votre vie avant que cela ne commence à vous affecter. »

Message divinatoire :

Réfléchissez au moyen de vous débarrasser de la moisissure (les émotions bloquées) et de bien aérer (de nouvelles pensées !) chez vous et dans votre entourage. Quand la Fée du Mildiou vous rend visite, il est probable que certaines choses ont commencé à stagner et qu'un peu d'air frais, de même que de nouvelles idées, vous feraient le plus grand bien ! Cela peut se référer à la manière de considérer les choses ou encore à l'expression d'émotions réprimées. L'apparition de la Fée ne signifie pas la dissimulation mais au contraire la collaboration avec l'environnement dans lequel vous vous trouvez. Comme elle le dit elle-même, à petite dose elle fait office de remède et à grande dose, elle empoisonne : l'endroit où elle se montre vous indique quel est le domaine de votre vie qui nécessite une nouvelle approche ! Si elle traîne derrière le buffet ou dans la salle de bains, au lieu de s'occuper à décorer les galets du bassin, alors vous savez que vous devez vous occuper d'une énergie malsaine sans tarder et sans vous trouver d'excuses !

Carte 16:

L'Ange de los Muertos

Son message : Transition vers le royaume des esprits

L'Ange de los Muertos :
Ce petit ange femelle plein de tendresse et de compassion a deux taches à remplir. La première est de rassembler gentiment les âmes pour les emmener chez elle où elles se reposeront avant de se réincarner et la deuxième est de remplacer la peur de la mort par le soulagement et la douceur, l'anticipation de la paix et du repos avant la renaissance.

L'Ange de los Muertos n'anéantit pas l'identité mais libère l'âme du corps afin que ce dernier retourne à la terre puis invite l'âme à se reposer avant de choisir (avec son aide) sa prochaine incarnation. Son rôle est de montrer que la mort est seulement une transformation, l'opportunité de vivre une nouvelle vie. L'Ange de los Muertos est tendre, chaleureuse et héroïque. Elle est pleine de gentillesse et de compassion et ses larmes coulent quand elle rassemble les âmes. Elle est aussi chargée de s'adresser aux vivants et d'encourager ceux dont l'heure est venue à venir chez elle pour prendre le repos qu'ils méritent. Elle rend visite aux familles en deuil pour les consoler avec d'heureux souvenirs et favorise la communication entre les vivants et les morts. Grâce à l'arc-en-ciel qui relie les deux mondes, elle aide les morts à transmettre leur sagesse et leur expérience à leurs familles et leurs amis restés sur terre, particulièrement lors des anniversaires de décès ou des fêtes consacrées aux morts. Son amour est sans limites mais elle ne peut déroger à ses règles.

L'Ange de los Muertos vous parle :
« Je vous apporte le message d'un de vos chers disparus, quelqu'un qui vous a quitté il y a peu. Vous devez accepter que l'esprit des êtres que vous avez aimés se repose et fabrique un nouveau corps pour leur âme. Vous rencontrerez bientôt un être cher sous une nouvelle enveloppe : ne craignez pas cette forme nouvelle et restez ouvert aux messages que vous adressent les ancêtres. Ils ont quelque chose à vous dire et vous l'apprendrez bientôt au cours d'une vision ou d'un rêve qui vous apportera la preuve concrète de ce que certains appellent la vie après la mort. La mort n'existe pas, il n'y a que la vie et des périodes de repos et de transformation. Une consolation vous sera apportée et vous en apprendrez davantage sur cet au-delà auquel vous avez du mal à croire malgré les messages frappants que vous avez déjà reçus. »

Message divinatoire :
L'apparition de l'Ange de los Muertos dans un jeu signifie que vous ne devez plus tarder à réaliser les objectifs de votre vie. Son message ne concerne pas uniquement ceux qui sont décédés. Vous devez aussi

commencer à préparer votre prochaine vie au cours de celle-ci. Il n'est pas nécessaire de mourir pour renouveler le contrat. Ne souhaitez donc pas le départ pour recommencer à zéro. Votre vie est un processus permanent de création et vous êtes sur le point d'achever l'une de vos tâches sans avoir à achever votre vie. L'énergie ne cesse de se transformer et la mort n'est pas un passage obligé. L'Ange de los Muertos est venu vous voir pour que vous n'ayez plus peur de votre propre mortalité et que vous compreniez que vous pouvez renaître à une nouvelle vie, ici et maintenant.

Carte 17 :

La Fée Solitaire

Son message : Je me cramponne

La Fée Solitaire :

Cet être méfiant et timide s'accroche de toutes ses forces à sa croix celtique et à ses croyances car, sans elles, elle n'est plus rien. Cette croix lui a sans doute été offerte par un amoureux ou par un parent, à moins qu'elle ne représente un aspect de son âme. Mais la raison pour laquelle elle s'y cramponne, c'est qu'elle se sent seule et isolée. Il y a des moments dans la vie où l'on est entouré de gens, d'amis et où l'on se sent pourtant très seul. On voudrait élever une barrière entre soi et le monde et l'on s'isole dans sa coquille comme la Fée Solitaire.

La Fée Solitaire vous parle :

« Vous vous cramponnez à quelque chose qui se révèle être un obstacle entre vous et les autres ; c'est pourquoi vous vous sentez si seul en ce moment. Vous avez probablement besoin de vous ouvrir un peu et d'admettre que vous avez soif de rencontrer vos semblables, non les êtres que vous côtoyez au travail par exemple, mais ceux qui parlent à votre âme. Vous avez besoin de discussions métaphysiques et de mystères et il y a des questions que vous voulez explorer voire résoudre. Il est temps de consulter les Oracles qui vous diront la vérité et non ce que vous voulez entendre. Et ils vous diront certainement que vous devez lâcher prise. »

Message divinatoire :
Quand on vit dans son monde intérieur, on n'a de cesse de le protéger contre les intrusions extérieures qui perturbent son délicat équilibre ! Vous vous accrochez ainsi à ce que vous possédez et qui fait de vous ce que vous êtes. Votre monde intérieur est certes plus riche que celui de la plupart des gens : c'est une sorte de paradis imaginaire (ou d'enfer selon votre état d'esprit). Mais si vous avez tiré cette carte, vous devez lâcher prise et vous donner la possibilité d'interagir avec vos proches. Cela vous permettra de récréer votre monde à neuf. Il est probable que vous choisirez soigneusement qui vous laissez entrer, mais vous devez permettre au moins à une personne de pénétrer dans votre monde intérieur et cesser de vous blinder. Au moins temporairement.

Carte 18:

La Duchesse Violette

Son message : Raide, frustrée, blasée

La Duchesse Violette :
La Duchesse s'efforce d'être bonne, gentille et polie, mais cela ne marche pas. Assise dans une posture rigide, cette aristocrate passionnée écoute une conférence sur les bonnes manières tout en tenant ses ailes soigneusement repliées. Elle se tient bien mais il est facile de voir qu'elle s'ennuie et qu'elle est prête à fuir à la première occasion. Elle est lasse de l'esprit étriqué des gens autour d'elle et de l'obligation d'être une dame convenable et décente ! Elle se sent étouffée par un monde dans lequel la politesse et le protocole ont remplacé la spontanéité, la magie et la liberté dont elle rêve. Elle attend son heure mais sa frustration ne cesse de grandir, frustration qui, comme chacun sait, n'est que du désir réprimé qui demande à s'exprimer librement.

La Duchesse Violette vous parle :

« Votre admirable quête de l'équilibre, de la sérénité et de la politesse feinte vous a rendu fade. Pour ne pas faire de vagues vous avez cessé d'exprimer vos véritables sentiments ! À présent je suis là pour vous montrer ce que vous ressentez. Il est vital pour vous de redécouvrir et d'exprimer vos véritables émotions vis-à-vis d'une personne ou d'une situation. C'est très bien d'aimer l'harmonie et de s'efforcer de ne pas causer d'ennuis, mais entretenir la tiédeur des sentiments face à des situations importantes ne vous apportera rien de bon. Réprimer son vrai moi mène aux relations malsaines et aux troubles de santé ! Quand j'apparais vous devez choisir l'option de la passion et de l'authenticité. Rassemblez vos forces et recommencez à prendre plaisir à la vie ! »

Message divinatoire :

Votre désir d'être aimé et de faire plaisir, de passer pour « une dame » ou « un gentleman » vous empêche de faire l'expérience de quelque chose de merveilleux qui vous revient de droit. Parfois, les règles doivent tout simplement être transgressées. Respecter l'esprit de la loi requiert souvent que l'on transgresse la loi car c'est ainsi que les choses changent. Vous êtes actuellement dans une situation injuste et déplaisante mais vous n'avez pas encore élevé la voix ! La meilleure chose qu'il puisse vous arriver est de vous redresser et de lutter pour vos valeurs car vous deviendrez une source d'inspiration pour les autres. En faisant le premier pas, vous vous rendrez compte très vite que vous avez démarré une petite révolution.

Carte 19:

Amara l'Hawaïenne

Son message : L'esprit Aloha

Amara l'Hawaïenne :

Amara représente l'esprit des tropiques : elle est chaleureuse, sensuelle et chargée de cadeaux pour vous. Elle mange des fruits et des fleurs, danse et chante les chants de ses ancêtres. Elle n'est faite que de rires, d'eau vive et d'espoir. Elle est chez elle dans la nature parmi les cris des dauphins, la musique des cascades et les chansons de la brise tiède. Elle vient à vous, environnée des parfums les plus doux, pour vous inviter à ralentir et à vous détendre en respirant l'odeur des frangipaniers ! Rien ne presse quand Amara pénètre dans votre monde. Actuellement vous êtes stressé, vous ne vous nourrissez pas correctement et vous ne prenez pas le temps de vous relier aux gens ou aux choses. Votre sommeil est perturbé, vous n'êtes pas vous-même et vous remarquez à peine la beauté de la nature. Le moment est venu de vous offrir une détente et d'étreindre l'esprit Aloha ! C'est dans ce but qu'elle vous rend visite.

Amara vous parle :
« Aloha ! Le moment est venu pour vous de prendre un moment de détente sans vous sentir coupable et de vous ressourcer à la mode hawaïenne. Il est temps d'identifier et de faire taire cette petite voix qui vous répète que vous devez travailler dur et être stressé pour accomplir ce que vous visez. Je viens d'un lieu où le temps passe à son propre rythme, où l'on ne fait qu'un avec la nature et où le corps et l'esprit se joignent pour chanter à l'unisson le plus beau des chants ! Vous avez besoin de lumière sur votre corps : prenez un bain de soleil, laissez vous imprégner de cette lumière pure et sentez-la réchauffer vos os et vous remplir de joie ! »

Message divinatoire :
L'apparition d'Amara vous invite à boire et manger des fruits frais, à prendre des cours de danse, vous faire couler des bains parfumés aux fleurs tropicales et laisser l'énergie cascader dans votre vie. Les massages Lomi-lomi sont un must quand Amara fait sentir sa douce présence ! Elle réagit bien également à la sensualité, l'amour, le chant et la danse ! Mangez davantage de crudités et passez plus de temps dehors au soleil. Vos ancêtres s'y connaissaient peut-être en relaxation et en médecine traditionnelle, faites des recherches ! Prenez des vacances et séjournez dans un lieu évocateur et dépaysant. Les traitements holistiques de même que les médecines alternatives sont recommandés. Jointe à ces approches, une attention renouvelée à votre corps vous redonnera la santé et une attitude plus positive. Par-dessus tout, il vous faut profiter de l'énergie du soleil sans en abuser. Le surf et la natation vous feront le plus grand bien.

Carte 20 :

La Fée des Highlands

Son message : Soyez courageux

La Fée des Highlands :

La Fée des Highlands n'aime pas se battre car ce n'est pas dans sa nature. Elle préfère résoudre les conflits paisiblement mais elle lutte quand le besoin s'en fait sentir. Sa présence vous avertit que vous avez aussi les moyens de tenir tête même si vous vous êtes toujours débrouillé pour éviter l'affrontement. Quelqu'un abuse actuellement de vous et de votre passivité. Il est temps de sortir votre épée et d'enfourcher cette part de vous-même qui sait comment se défendre, dire la vérité et affronter les menaces. Cela peut vous sembler effrayant, malavisé et antinaturel et cette petite fée le sait. Mais il est temps : vous ne pouvez pas renoncer à ce quoi vous avez tant travaillé uniquement pour éviter de vous battre. Redressez-vous et dégainez votre épée. La fée des Highlands est avec vous et quand la menace se sera éloignée, elle célébrera la victoire avec vous !

La Fée des Highlands vous parle :

« Vous voyez mon épée de pouvoir ? J'ai longtemps eu peur de m'en servir. Mais à présent je dois rassembler mon courage et la dégainer, tout comme vous. La pensée de devoir blesser quelque chose ou quelqu'un me rend triste, mais j'ai conscience de ce qui doit être fait et je dois apprendre à livrer des guerres justes. Bien qu'on m'ait appris à ne pas être agressive, je dois remonter mes manches et en finir avec cette histoire. J'ai de la peine de devoir livrer batille mais je serai forte, sans peur et je ferai ce que j'ai à faire. Mon épée baignera peut-être dans le sang et les larmes mais je ne peux plus rester immobile face à un ennemi qui compte sur ma peur de me battre. Je ne renoncerai pas à mon pouvoir aussi facilement. Cette fois, je reprendrai ce qui est à moi. »

Message divinatoire :

La trêve est terminée. Il est temps de vous exprimer et d'être fort. Quelqu'un marche sur vos plates-bandes et essaie de s'approprier ce pour quoi vous avez travaillé si dur. On a profité de votre tempérament pacifique, mais cela suffit. Aussi triste que cela soit, il est temps de changer les choses et de couper les ponts entre vous et celui ou celle qui vous a tant pris. Vous allez livrer bataille. Oui, c'est triste et la Fée des Highlands compatit à votre chagrin. Mais ne laissez pas votre sentiment de culpabilité vous forcer à la passivité. Célébrez votre force, dégainez votre épée et ne reculez pas !

Carte 21 :

L'Ange Alchimique

Son message : Un miracle

L'Ange Alchimique :
L'Ange Alchimique incarne littéralement le miracle de la médecine sur la mort ; c'est ce puissant ange femelle de guérison qui résoudra un problème de santé auquel vous êtes confronté actuellement. Son rôle est de vous aider à trouver le traitement approprié et à restaurer votre bien-être naturel. Elle vous aide aussi à trouver le bon médecin et la bonne attitude pour surmonter ce défi. Elle tire une puissante énergie de son chakra du cœur et vous la transmet afin de revivifier la vôtre. Elle vous aide à croire à la possibilité de votre guérison et à trouver le courage d'affronter la vie matérielle, car c'est ce qui vous épuise actuellement. L'Ange Alchimique vous fait don de la bravoure nécessaire à la vie dans un corps physique et vous démontre que si cela demande beaucoup d'efforts, c'est aussi une grande bénédiction.

L'Ange Alchimique vous parle :
« Je suis là pour vous aider à opérer une guérison miraculeuse. Qu'il s'agisse d'une blessure, d'une maladie ou simplement d'un malaise, moi, l'Ange Alchimique, je vous montre comment modifier votre état de santé. Je suis sur terre depuis des milliers d'années et c'est ma mission. J'ai été témoin de l'effroi et de la culpabilité, de la peur de l'infection, de l'angoisse, de la douleur et du désespoir quand la vie semble sur le point de s'achever. Mais je suis avec vous pour vous apprendre à restaurer la santé et la vitalité. Ne craignez pas la vieillesse et les changements de votre corps. Tout ira bien et tout finira par passer. Cette enveloppe dans laquelle vous vivez n'est qu'une forme parmi d'autres. Laissez-moi vous montrer comment vivre avec amour et en bonne santé. »

Message divinatoire :
Vous avez sans doute des problèmes de santé en ce moment. Quoi qu'il en soit de votre état de santé, ou de celui de l'un de vos proches, posez-vous la question suivante : « Que ferais-je s'il ne me restait plus longtemps à vivre sur cette planète ? » et agissez en conséquence. L'avantage d'affronter la peur de mourir est que cela crée par contraste un délicieux plaisir de vivre. Une fois que vous aurez compris que la durée de votre vie dans ce corps peut être abrégée, vous hiérarchiserez vos priorités et redonnerez du sens à votre vie. N'hésitez pas : agissez dès à présent en modifiant ce qui peut l'être. Tirer cette carte signifie que vous êtes sur le point d'affronter des problèmes de santé. Mais cette situation vous sert de bien des manières : elle vous amène à vous concentrer sur ce qui a réellement de la valeur dans votre vie et vous fait prendre conscience de ce que vous avez négligé ! Vous poursuivrez dorénavant votre route avec des objectifs réalistes et organisés. L'Ange Alchimique vous invite à faire de votre guérison (la vôtre ou celle d'un de vos proches) votre première priorité.

Carte 22 :

Vaudou en Bleu

Son message : Reculez !

La Vaudou en Bleu :

Cette fée vous fait savoir qu'il est temps de vous éloigner d'une personne ou d'une situation néfaste… Vous devez être courageux et cesser d'accueillir les bras ouverts quelque chose qu'en réalité vous ne souhaitez pas ! Cette fée bleue qui agite sa poupée vaudou vous indique très clairement que vous devez faire reculer quelqu'un. Vous savez que vous avez délibérément ignoré votre instinct en vous efforçant d'aider amicalement cette personne qui ne vous voulait pas particulièrement du bien ! La Vaudou en Bleu n'a pas peur de prendre un air agressif quand elle donne un ordre : elle préfère parler haut et fort pour que celui ou celle qui lui fait voir rouge s'en aille rapidement ! Elle vous conseille donc de faire confiance à votre instinct. Il vaut bien mieux être honnête que « gentil ». Vous sentiez que vous deviez mettre les points sur les i à quelqu'un. La Vaudou en Bleu vous confirme que votre intuition était tout à fait juste.

La Vaudou en Bleu vous parle :
« Vous avez si bien réussi que vous risquez d'attirer l'attention des opportunistes. Vous voulez les aider et rester « gentil » alors je vais vous donner un avertissement très clair ! Cela ne m'ennuie pas de passer pour la méchante de service, ce qui compte c'est que vous saisissiez le message ! Il est temps de faire un peu de magie répulsive et même si je ne leur enverrai pas de pensées négatives (après tout il n'y a pas d'épingles plantées dans ma poupée), je vous conseille de ne pas les réinviter à prendre le thé de sitôt. Vos sentiments ne vous mentent pas et vous savez comment agir. Ne vous impliquez pas et ne laissez personne vous impressionner. Il faudra peut-être même montrer un peu les dents pour les convaincre de s'éloigner ! »

Message divinatoire :
Il faut que quelqu'un recule et vous rende votre espace. Vous n'aimez pas cette personne et il ou elle n'est pas le bienvenu(e). Vous devez être très clair à ce sujet malgré votre désir de vous montrer poli et accueillant ! Débarrassez-vous d'un poids en demandant à ceux qui vous irritent, vous épuisent ou vous font voir rouge de vous laisser tranquille pendant un moment ! Soyez respectueux mais ferme. Mais si vos bonnes intentions sont de nouveau interprétées comme une invitation, cette fois soyez très clair et dites « Dehors ! » Ne soyez pas gentil au point de transmettre un message équivoque ! Il est temps d'interdire votre porte !

Carte 23 :

L'Ange Mauve

Message : Le point du jour

L'Ange Mauve :

Ce splendide ange femelle apparaît quand quelque chose de neuf se montre à l'horizon : de la couleur de l'aube, elle attend que vous preniez conscience des merveilleuses possibilités du jour nouveau. Elle annonce la venue de nombreuses et merveilleuses coïncidences, des évènements, des amitiés et des changements que vous espériez depuis longtemps ! Elle vous éveille pour que vous profitiez au maximum de tous les bienfaits qui viennent à votre rencontre ! Réveillez-vous et préparez-vous !

L'Ange Mauve vous parle :

« Il y a eu des moments durant les derniers mois où la vie semblait avoir perdu tout son piment et où vous vous sentiez épuisé, presque comme si vous étiez né déjà fatigué ! Vous avez traversé un long tunnel, mais je suis là à présent pour vous annoncer que le « pire » est passé et que le meilleur se profile à l'horizon. C'est encore une faible lueur qui devra croître mais c'est un début. Votre énergie va bientôt se remettre à circuler et vous allez vous ressourcer. Votre esprit s'épanouira dans cette nouvelle aurore et votre intuition se remettra à bourdonner ! Levez-vous tôt et préparez-vous à travailler sur de nouveaux projets en allant vous promener dans la nature au point du jour ! »

Message divinatoire :
Après une période difficile, un nouvel espoir est en train de percer. De nouvelles dispositions à caractère permanent vous donnent de bonnes raisons de vous sentir joyeux et optimiste. Un nouveau jour débute et ce commencement fragile et délicat engendrera quelque chose de radieux et de solide. Ne hâtez pas cette journée : profitez de la tendresse de cette nouvelle naissance que vous espériez depuis longtemps. L'éveil et la gratitude, un lever matinal et de nouvelles expériences sont au programme de l'Ange Mauve qui apporte dans votre vie un éveil spirituel tout neuf.

Carte 24 :

La Fée à la Lanterne

Son message : Une solution simple

La Fée à la Lanterne :

Cette jolie fée vous indique comment dépasser un obstacle qui vous barre la route. Cela peut se référer à n'importe quel domaine de votre vie, mais il semble qu'il s'agisse de quelque chose de sérieux. Avec sa lanterne lumineuse, elle vous conduit vers une ouverture pratiquée dans le mur afin que vous puissiez passer sans peur et sans effort. Elle vous demande seulement de lui faire confiance et de contribuer au passage entre ce monde et l'autre en enlevant vous aussi quelques briques. Les murs entre l'amour et la vie s'écroulent : c'est le rôle de la fée de vous aider à les passer. Elle vous guide.

La Fée à la Lanterne vous parle :

« Les gens disent quelquefois que l'on devrait vérifier d'où viennent les informations et c'est tout à fait vrai. Quant à moi, j'élève simplement ma lanterne afin de vous faire voir l'issue possible de vos décisions et je vous offre une solution simple aux problèmes immédiats. Quelque chose est arrivé à son terme. Cette fin est réelle car, comme on dit, vous avez heurté un mur. Vous pouvez essayer de l'escalader, de creuser un tunnel par-dessous ou de le démonter brique par brique. Mais si vous venez avec moi, je vous montrerai un endroit où le mur s'est déjà écroulé et où vous pourrez passer sans peine. Ne croyez pas que je cherche à vous tromper : d'autres sont passés par là et bien que ce soit à vous de choisir la manière dont vous voulez arpenter le chemin, je peux vous aider à opérer une percée et trouver le passage que vous cherchiez. Je suis un guide sûr, clair et bienveillant. Je ne suis pas là pour vous envoyer dans la mauvaise direction, mais pour dégager et éclairer la route. Libre à vous d'en faire quelque chose de plus compliqué. Je vous montre simplement le chemin, faites-moi confiance. »

Message divinatoire :

Une épreuve de la vie va trouver une issue naturelle. Les raisonnements bornés et les vieux schémas peuvent être abandonnés sans crainte. D'anciennes protections contre certaines énergies doivent être remplacées et refaçonnées car elles ne sont plus adaptées à vos désirs et peuvent même leur faire obstacle en vous isolant au lieu de vous protéger. Ayez confiance dans la lumière qui vous guide vers l'amour véritable, la gentillesse et la liberté et éloignez de vous la colère, la haine, le jugement, les reproches et le ridicule.

Carte 25 :

La Sirène des Égouts

Son message : Vous possédez une sensualité magnifique !

La Sirène des Égouts :
Il existe tant de choses que nous préférons ignorer, entre autres la part d'obscurité en nous que nous refusons de reconnaître et que nous projetons par conséquent sur les autres. La Sirène des Égouts vient vers vous en nageant pour vous rappeler ces trésors intérieurs que vous avez réprimés et étiquetés comme « mauvais ». Ce déni a créé des blocages, des débordements et fait travailler des forces qui vous paraissent étranges et mystérieuses tant elles vous restent inconnues. La Sirène vous montre que des villes entières de toute beauté se cachent dans les recoins sombres de votre personnalité : vous avez enfermé de grands et sages désirs dans les souterrains de votre moi, au nombre desquels la Sirène qui incarne votre nature sensuelle. Vous vous sentez coupable de vos besoins sexuels et vous auriez honte de vous transformer au point de prendre du

plaisir physique. Votre approche de la sensualité et la sexualité est dualiste, réfrénée par des règles strictes et de la culpabilité. Vous pouvez essayer de repousser la Sirène des Égouts et la qualifier de « mauvaise » ou de « sale » mais elle n'est ni l'une ni l'autre. C'est une survivante et quand vous serez prêt à la rencontrer, elle nagera librement vers vous pour ne plus faire qu'un avec vous dans la lumière étincelante d'une conscience pure.

La Sirène des Égouts vous parle :
« Je suis ici pour vous enseigner à faire de la sexualité et de la sensualité quelque chose d'amusant, de léger et de beau. Je suis ici pour vous montrer comment les libérer du grand souterrain où vous les avez enfermées et vous apprendre à regarder votre corps comme un lieu d'esprit, de force et de délice. Je ne mourrai jamais et je ne partirai pas en dépit de ce que votre culture vous a enseigné. Je suis une divinité libre et sauvage et il y a longtemps que vous désirez mon retour. Me voici donc pour vous montrer où vous m'avez enfermée tout ce temps. Commencez par purifier l'acte physique et aimer tous les aspects de votre corps. Ne vous réprimez plus et ne vous cachez plus. »

Message divinatoire :
Votre sensualité naturelle, belle et forte, a été influencée par des pensées et des idées négatives et n'a pas pu se développer correctement. Vous la trouviez et la trouvez encore, sans valeur, malsaine et peut-être « sale ». Mais il est temps de purifier la manière dont vous concevez vos pulsions naturelles. Quelque chose de beau et de sain en vous a été maltraité. Vous devez à présent revoir vos pensées et votre expérience de la sensualité, du corps et de l'acte d'amour.

Laissez cette sirène pleine de vigueur vous montrer comment vous aimer vous-même et vous élever au-dessus des ordures et de la puanteur d'un conditionnement négatif en contemplant la beauté des corps et le plaisir qu'ils peuvent donner !

CARTE 26 :

La Fée du Carrousel

Son message : Un éternel retour…

La Fée du Carrousel :
Nous y voilà de nouveau ! Nous sommes nombreux à avoir affronté des difficultés et des périodes difficiles dans nos vies. L'impact d'une expérience négative est parfois si puissant qu'il laisse des vestiges physiques, mentaux et spirituels pendant des mois, voire des années. Tant que nous continuons à résonner de l'écho de ces expériences traumatisantes, nous avons tendance à répéter les mêmes choses. Quand il devient nécessaire d'en prendre conscience, une musique étrange, semblable à celle d'une boîte à musique ou d'un manège se fait entendre et l'image d'un vieux carrousel avec une belle fée chevauchant en solitaire apparaît devant vous. Vous pouvez être certain alors qu'un vieux schéma vient de commencer à se remettre en place.

La Fée du Carrousel vous parle :
« Me voici de nouveau ! Il semble que vous ayez besoin d'un rappel cosmique quant à quelque chose de non-éclairci ! Le lâcher-prise est actuellement la leçon la plus importante pour vous. Je ne vous suggère pas d'oublier – comment cela serait-il possible ? – mais je vous propose de replacer cette expérience dans un contexte tout à fait différent. Vous devez vous saisir des opportunités qui vous entourent : rester attaché à de vieux schémas ne fera que les faire revenir encore et encore ! Comme ceci : ouiiiii ! »

Message divinatoire :
Vous avez sans doute passé votre vie en revue récemment, erré parmi les vieux souvenirs avec un sentiment de nostalgie pour vos beaux jours (quand était-ce exactement ?). Flâner dans le passé pour raviver de précieux souvenirs est une chose, mais laisser les regrets vous envahir et souhaiter avoir agi différemment en est une autre. La vie est constamment en mouvement et chaque seconde qui passe nous offre une seconde chance. Arrêtez de battre votre coulpe. Vous avez l'opportunité de guérir et de vous débarrasser des chagrins qui durent trop longtemps. Vous n'êtes pas le seul : nous avons tous des leçons karmiques à apprendre. Apprenez les vôtres et vous n'en deviendrez que plus riche et plus sage.

CARTE 27 :

Étrange Valentine

Son message : L'amour est étrange !

Étrange Valentine :
L'amour ne ressemble pas toujours à l'idée que l'on s'en fait, Dieu merci ! C'est souvent dans des circonstances étranges que l'on trouve l'amour le plus doux, comme ce bizarre petit couple en a fait l'expérience pour leur plus grand bonheur ! Quand ce couple adorable vous rend visite, vous êtes sur le point de rencontrer l'amour ou l'amitié sous une forme ou dans un lieu tout à fait inattendu ! Ne laissez pas les différences vous séparer car ce sont elles qui vous ont attirés l'un vers l'autre. Quand on est aussi fragile et délicat que l'est cette Valentine, quelqu'un de fort et de protecteur comme son splendide ami le Yéti est exactement ce dont on a besoin !

Ils vous parlent :
« Vous bénéficiez en ce moment d'une immense aide cosmique, entièrement concentrée dans le champ de votre vie sentimentale. Vous recevrez bientôt de bonnes nouvelles concernant une relation. Vous devrez aussi beaucoup travailler à la guérison de vieilles blessures occasionnées par des relations passées, en particulier celles qui ont été longues et sérieuses. Certaines de ces nouvelles ne vous sembleront peut-être pas si fantastiques au début. Mais donnez-vous une chance d'assimiler la leçon car vous allez entrer dans une toute nouvelle phase de votre vie sentimentale qui vous permettra d'éprouver un nouvel amour. C'est… pour… bientôt ! »

Message divinatoire :
Vous allez entamer une nouvelle romance et éprouver un puissant afflux d'émotions. Il est possible que vous croisiez ou rencontriez quelqu'un qui éveillera des sentiments enfouis depuis longtemps en vous et qui ne sera pas votre « type » habituel. Hourrah ! Vous vous sentirez plus jeune de vingt ans et votre bonheur vous donnera le vertige. De très bonnes nouvelles en perspective ! L'amour est vraiment étrange et merveilleux.

Carte 28 :

La Jeune Fille et la Mort

Message : Invasion, viol des frontières, domination

La Jeune Fille et la Mort

Une splendide jeune femme nue semble menacée par le regard concupiscent d'un squelette qui ne comprend pas combien sa présence l'affecte car il ne s'intéresse ni à sa réaction ni à ses besoins. Ce squelette représente la mort véritable (l'implacabilité de l'ego) et il est bien trop près pour que la jeune femme se sente à l'aise : elle se recroqueville et se fige de peur au contact de ses mains indésirables.

La Mort parle :

« J'ai de nombreux besoins et je suis affamé de force vitale. Je veux cette petite jeune fille car elle possède tout ce que je désire et que je ne peux pas créer par moi-même. Je rôde autour d'elle et je prends sa chaleur, son énergie, ses émotions et sa beauté. Elle n'est qu'une extension de moi-même. Je lui prendrai tout ce que je veux. De plus, je l'aime. Beaucoup. Tellement que j'ai envie de la dévorer toute entière. »

La Jeune Fille parle :
J'ai cru que c'était de l'amour mais je me rends compte à présent qu'il s'agit d'une possession. Il dit qu'elle m'aime mais il n'a l'air que de vouloir me prendre quelque chose. Tout cela n'est pas bien mais je me sens impuissante et vulnérable. Que puis-je faire ? Comment me libérer ? Et si c'est lui qui a raison : il m'aime et je n'ai aucune raison d'avoir peur ? »

Message divinatoire :
Vous avez actuellement une relation déséquilibrée avec quelqu'un de votre entourage. C'est peut-être vous qui êtes la Mort, prenant et imposant dans une inconscience totale tout comme ce squelette. Ou bien vous êtes la Jeune Fille et vous n'arrivez pas à vous défendre de celui ou celle qui vous vampirise en prétendant vous aimer. Vous avez sans doute été attiré par la passion d'une relation dramatique, colorée et amusante mais vous découvrez à présent qu'elle est épuisante et manque de respect. Il est temps de soupeser ce qu'elle vous apporte et de prendre des mesures pour vous sentir plus en sécurité, plus protégé et plus respecté. Ne tentez pas de convaincre « la Mort » qu'elle a des problèmes : elle ne fera que se cramponner davantage et vous expliquer que c'est vous qui avez un problème, pas elle ! Vous avez sans doute peur de ce qu'elle pourrait faire une fois que vous vous serez séparé d'elle, car elle est vindicative et méchante, mais la liberté en vaut la peine ! Demandez-vous si cette relation est bénéfique pour vous. Si la réponse est non, alors vous devez prendre les mesures qui s'imposent.

Carte 29 :

La Tombe Découverte

Message : Quelqu'un vous manque

La Tombe Découverte :
Quelqu'un manque profondément à cette belle jeune femme, qui comprend, peut-être pour la première fois de sa vie, ce que veut dire l'expression « perdre quelqu'un ». La nostalgie d'un autre être peut être très douloureuse. C'est aussi intense qu'une douleur physique et on peut en avoir le cœur brisé car les humains ont cette capacité de se lier profondément à autrui. Ils aiment si fort que cet amour se poursuit même quand la forme de l'être aimé a disparu depuis longtemps. Si vous avez tiré cette carte, il est temps de reconnaître à quel point vous souffrez de la perte de quelqu'un et combien vous espérez son retour. Il s'agit d'une tristesse profonde et il ne sert à rien de le nier. Une fois que vous aurez admis votre chagrin, vous pourrez vous donner un répit et rendre visite de temps en temps à votre cher disparu. Vous saurez que

vous avez été sincère avec vous-même et que cette peine fait partie de la beauté de la vie et non de sa tristesse.

Elle parle :
« Il est temps de le laisser partir mais avant de faire cela, prenez un moment pour vous souvenir de ce qu'il représentait pour vous. En le laissant repartir dans le passé, plutôt que de le traîner dans le présent, vous vous bâtirez un avenir plus libre. Les occasions de tout recommencer se présentent à tout moment. Chacune journée efface en quelque sorte l'ardoise du jour précédent. Cette sensation de recommencement est vitale pour vous après une période de chagrin. Vous avez besoin de savoir que le passé est enterré et qu'il ne reviendra plus. La vie est ainsi faite : ce que l'on ressent concerne rarement le présent. Par bonheur vous vous épanouirez bientôt avec un nouvel amour après avoir fait le deuil de celui-ci. »

Message divinatoire :
Cette carte parle de sentimentalité, d'idéalisation et d'attachement au passé, de refus de surmonter le chagrin d'avoir perdu un amoureux, un partenaire ou simplement une relation. Vous êtes en deuil de ce qui a été et de ce qui aurait dû être. C'est une tristesse profonde et pourtant cette expérience a une grande valeur pour vous. À présent il est temps de reprendre votre route et d'enterrer le passé. Quand cette fée apparaît dans votre jeu, il est très utile de travailler avec l'élément terre. Vous pourriez planter un arbre du souvenir : une chose terrestre qui poussera et changera pour commémorer votre amour perdu. Au fur et à mesure de sa croissance, vos souvenirs deviendront plus doux et votre douleur et votre amertume s'amenuiseront. La terre prend et transforme ce que nous lui donnons pour nous le rendre sous une nouvelle forme. Le moment est venu pour vous de cesser de vous cramponner à ce qui n'est plus depuis longtemps. Faites votre deuil et revenez-nous, prêt à vivre de nouveau.

Carte 30 :

Deux Petites Sorcières

Leur message : Un espace magique de purification

Les Deux Petites Sorcières :
Ces Deux Petites Sorcières solennelles et sincères viennent des ombres. Elles vous fixent de leurs grands yeux verts et bleus et se préparent à faire des passes avec leur balai magique ! Quel est le secret de ce balai ? Il est destiné à dissiper les vieilles énergies rassises qui rôdent autour de vous en ce moment. Saisissez-vous-en et regardez-le danser tout seul : un, deux, trois, dans le sens contraire au mouvement du soleil, tout autour de la maison et de la cheminée. Il balayera tout ce qui se cache dans les recoins sombres de votre maison et de vôtre âme ! Une fois cette tâche achevée, les Sorcières taperont trois fois dans leurs mains et reprendront leur balai avant de se diriger vers la prochaine demeure.

À présent que tout est propre, de quoi allez-vous remplir votre vie et votre espace ? C'est le plus important et vous êtes le seul à pouvoir le décider !

Les Deux Petites Sorcières parlent :
« Dehors, dehors, hors d'ici,
Trouble, tapage et furie
Dehors, dehors, que tout soit parti
Et que cet endroit reprenne vie !
Nous, créatures de minuit,
Sommes ici pour purifier les énergies,
Nous travaillons de l'aube à la nuit
Pour faire de ce lieu un paradis,
Et sans même demander un merci,
Vous souhaitons un bonheur inouï !

Message divinatoire :
Faites en sorte que vos tâches servent deux buts : il est temps de procéder à une purification et une bénédiction de la maison. C'est tout simple, quand ces deux petites sorcières avec leur balai magique se montrent dans votre jeu, vous avez un déménagement en tête, que ce soit de votre lieu de vie, ou simplement d'objets qui encombrent votre bureau. Si vous ne pouvez le faire immédiatement, alors contentez-vous de petits gestes symboliques en changeant les meubles de place et en vous débarrassant des objets inutiles. Chaque fois que l'on range, on découvre des choses auxquelles on se cramponnait sans raison, des objets qui encombrent sans aucune utilité ! Il est temps de faire de l'espace chez vous !

Carte 31 :

La Dame à l'Œuf de Bosch

Message : Sagesse ancienne

La Dame :

La Dame à l'œuf de Bosch a été choisie dans cette vie pour cacher et sauvegarder un précieux savoir ésotérique. À travers les périodes les plus troublées de l'histoire, des êtres courageux ont toujours été désignés pour veiller à la préservation des connaissances sacrées. Même si le monde brûlait et les catastrophes s'abattaient sur l'humanité, il y aurait toujours des âmes courageuses pour les emporter, les camoufler et les garder en sûreté jusqu'à ce que le monde soit enfin prêt à apprendre.

La Dame parle :

La ville où je vis est en feu et le ciel rempli de fumée et de hurlements. J'ai fait de mon mieux pour sauvegarder ce trésor de la librairie sacrée. Je le mettrai en sûreté, apprendrai par cœur ce qu'il contient et m'assurerai que ces vérités survivent pour les générations futures. J'espère que vous comprendrez l'histoire de ce savoir, que vous respecterez et reconnaîtrez la liberté de votre temps et que vous vous chargerez de cette mission. Peut-être un jour, trouverez-vous cet œuf et serez-vous la personne choisie pour garder cette connaissance que tous croyaient perdue. Peut-être êtes-vous déjà un gardien de sagesse : si c'est le cas, sachez vous taire et laisser les secrets venir au jour en leur temps. Je vous apporte les symboles des alchimistes, les secrets des Gnostiques et la sagesse des magiciens, des sorcières et des herboristes… tous sauvegardés sous une étrange forme d'œuf. »

Message divinatoire :

Vous avez l'impression qu'une sagesse ancienne vous a été transmise et que certains aspects de celle-ci vous sont inconnus, voire un peu sombres. Vous avez probablement reçu un message d'une époque où les gens comme vous (les mystiques et les marginaux) étaient opprimés et châtiés à cause de leurs dons naturels ! Dans ce cas, étudiez la Renaissance ou le Moyen Âge afin de comprendre pourquoi cette connaissance vous a échu à vous, un être humain qui a la bonne fortune de vivre en des temps plus heureux. Mettez cette connaissance en sécurité et apprenez tout ce que vous pouvez. Explorez les symboles ésotériques, l'histoire de la magie et de la spiritualité. N'oubliez pas que tant que vous êtes en sécurité, il vaut mieux garder le silence sur certaines pratiques.

Carte 32 :

La Sirène de la Tourmente

Message : Le calme au milieu de la tempête

La Sirène de la Tourmente :
Même quand la mer est déchaînée, quand l'atmosphère est traversée d'éclairs et qu'aucune terre n'est en vue, la Sirène de la Tourmente suit son intuition qui lui dicte comment rentrer au port. Les éclairs ne la touchent pas et elle continue de nager vers la terre. Elle semble légèrement en transe car elle se sert de sa sagesse intérieure pour s'orienter. Elle vient de l'Atlantide où elle a vu des êtres provoquer la destruction de leur monde et elle a été témoin de la manière dont l'arrogance a mené aux bouleversements. Sa demeure a sombré sous les eaux et elle cherche à présent une nouvelle maison, tout comme vous.

La Sirène de la Tourmente vous parle :
« Vous êtes actuellement cerné par la tempête et par des émotions dramatiques. Le monde que vous connaissiez va changer au point d'en devenir presque méconnaissable. La destruction est derrière vous et vous cherchez une nouvelle demeure. Vous y parviendrez en écoutant votre sagesse intérieure afin qu'elle vous mette dans la bonne direction. Ne vous contentez pas de regarder autour de vous, ouvrez les yeux. La Sirène a le don de la métamorphose et elle est capable de traverser cette difficile période sans terre, sans domicile et sans aide avec la certitude d'y arriver. »

Message divinatoire :
Voici un temps de bouleversement et de changement profond pour vous mais si vous écoutez votre voix intérieure vous retrouverez le chemin de la maison au milieu du chaos et de la destruction. L'ancien monde est fini et le nouveau reste à découvrir. Ayez confiance et fiez-vous à votre expérience. Écoutez, regardez, mettez votre sagesse à l'épreuve et choisissez une direction. Vous êtes plus adaptable et plus capable de survivre que vous ne le pensez. Un intérêt pour les continents perdus comme la Lémurie et l'Atlantide, ainsi que des souvenirs reliés à ces mondes peuvent refaire surface pendant quelques semaines.

Carte 33:

La Robe Alchimique

Message : Libérez votre pouvoir !

La Robe Alchimique :
Quand cet être fascinant se montre dans votre jeu, cela signifie que vous possédez une énergie puissante, solide et vibrante, à même de changer des vies. Ce don s'accompagne d'une grande responsabilité. Certaines personnes corrompent leurs champs énergétiques avec des reproches, de l'insatisfaction et la reproduction incessante de vieux schémas. La Robe Alchimique apparaît pour démontrer qu'il est possible de changer en profondeur et de devenir clair et puissant en termes énergétiques. Elle sait ce qu'est la responsabilité car elle travaille avec constance, discipline et rigueur. Les yeux sur ses ailes indiquent qu'il est impossible de lui cacher ce que l'on est réellement.

La Robe Alchimique parle :

« Il est temps de célébrer la personne que vous êtes et d'admettre que vous devez vous débarrasser de certains déchets énergétiques. Si vous le faites, l'or dont vous êtes constitué pourra briller pleinement, exactement comme ces symboles alchimiques sur ma robe. Dans cette nouvelle énergie, il n'est plus possible de se cacher. Il faut prendre le temps d'être pleinement soi-même. Il n'y a plus de manteau dans lequel s'envelopper : comme vous le voyez, la robe que je porte révèle tous mes secrets. La sagesse d'antan est aujourd'hui dévoilée comme elle ne l'a jamais été. Nettoyez votre champ énergétique des sentiments de culpabilité, de peur, de jalousie et d'envie et vous aussi brillerez d'un éclat d'or pur. »

Message divinatoire :

Prenez le temps de purifier votre champ énergétique de la jalousie, de l'envie, de la peur et de la culpabilité. Une fois cela fait, accueillez une nouvelle énergie saine, puissante et brillante. Vous verrez qu'à ce moment-là les symboles commenceront à se manifester par dizaines. Économisez votre énergie. L'amour, le courage et la sagesse que vous cultivez vous vaudront des signes positifs qui ne vous égareront pas. L'arrivée de la Robe Alchimique apporte de grands changements : les relations et les situations fondées sur des concepts égocentriques et toxiques s'évanouiront naturellement et vous pourrez demander ce qui vous revient de droit. Il ne s'agit pas d'arrogance mais d'amour de soi bien pensé.

Carte 34 :

Les Fantômes sans visage et la Fille Hantée

Message : Les fantômes vivants

Les Fantômes sans visage et la Fille Hantée :
Sur cette très belle carte, une jolie fille est emmenée dans une forêt déserte par deux fantômes masqués... Leur identité n'est pas révélée mais elle ressent fortement leur présence. Elle reste calme car elle sait qui ils sont... Ce sont les Noppera-bô, les sans-visages, qui n'ont pas de traits en propre et prennent ceux des êtres qui les entourent. Ils portent quantité de masques et en changent régulièrement pour assumer une nouvelle cause ou une nouvelle identité sans prendre conscience de leur besoin de grandir et d'apprendre par eux-mêmes. À cause de cela ils recherchent l'énergie de ceux qui sont éveillés, forts et réels. C'est ainsi qu'ils se nourrissent de l'énergie de cette jolie fille, ainsi que de la vôtre selon toute probabilité. Ne cédez pas à la

panique ! En échange de cette énergie, ils lui adressent des messages mais la Fille Hantée sait qu'il ne faut pas leur faire confiance et que leurs semblables sont nombreux dans ce monde.

La Fille Hantée vous parle :
« Ces sans-visage sont venus à moi pour essayer de profiter de ce qu'ils voient comme un moment de faiblesse, mais je n'ai pas peur d'eux car je sais qu'ils sont neutres et sans forme. Ils essaient seulement de capter l'énergie disponible. Je sais qui je suis et je vois bien qu'eux ne le savent pas. Ce sont des esprits égarés qui se nourrissent aux dépens des autres. Je ne suis peut-être pas au meilleur de ma forme en ce moment, mais je suis plus forte qu'ils ne le seront jamais ! Ils ne se nourriront pas de moi car je sais qui ils sont et ce qu'ils cherchent. Je ne leur veux pas de mal mais je ne leur donnerai pas mon énergie. Je vous conseille fortement de faire comme moi ! »

Message divinatoire :
Vous semblez actuellement avoir « besoin » de gens qui ont des intentions cachées. Ces gens autour de vous se comportent en experts et se montent mutuellement la tête. Ils veulent que vous vous joigniez à eux pour votre « propre bien » en dépit de vos doutes. Ces personnes ne possèdent pas d'identité bien formée ou bien tirent leurs idées et leurs opinions de plus puissant qu'eux. Vous vous alarmerez de leur état d'esprit et de leur système de valeurs qui vous paraîtra sans visage, dénué d'humanité, de joie et de chaleur. Remettez-vous en sagement à votre propre avis et restez détaché en attendant qu'ils révèlent leur vrai visage. Ils changeront d'avis quand une personne plus « intéressante » à leurs yeux apparaîtra. N'oubliez pas que jusqu'à ce qu'ils découvrent qui ils sont, ils ne sont rien de plus que des pages blanches sur lesquelles écrivent les premières mains venues. Ne tentez pas de leur ressembler et laissez vos propres marques. Il est possible qu'on vous imite au travail et que vos idées ou même votre personnalité soient copiées un peu trop fidèlement.

Carte 35 :

L'Ange de l'Ouragan

Message : Heurt de croyances, de styles de vie, d'attitudes

L'Ange de l'Ouragan :

Cette belle fée est vêtue de tempêtes qui craquent et sifflent autour d'elle mais elle reste calme car elle est hors de danger. C'est votre tour à présent d'apprendre à gérer l'énergie autour de vous sans compromettre la vôtre ! Cette fée apparaît quand des énergies très différentes s'affrontent, quand des intentions diffèrent, quand des techniques ne s'accordent pas et quand des systèmes de valeurs incompatibles se croisent !

L'Ange de l'Ouragan vous parle :

« Les différences ne sont pas mauvaises en soi, au contraire la diversité est une chose merveilleuse. L'ombre et la lumière sont tout aussi nécessaires l'une que l'autre et peuvent coexister harmonieusement.

Mais certaines différences ne font pas bon ménage… Semblables à l'huile et l'eau, elles vivent séparées et ne peuvent s'entendre. J'apporte le changement : pour certains il est simple, facile et fluide et pour d'autres il est dramatique, violent et plein d'étincelles ! Comme je l'ai dit, j'apparais quand deux formes d'énergie entrent en collision : le haut et le bas ! Je brûle les vieux schémas pour créer une vibration claire et fraîche là où une atmosphère viciée, effrayante et déplaisante a été évacuée ! Le point merveilleusement positif de cet affrontement exigeant, c'est qu'une fois poussé hors de votre zone de confort habituel, vous réaliserez que vous avez beaucoup changé ! Le jeu en vaut la chandelle, croyez-moi !

Là où je me montre, il est courant que les gens se crispent et se retranchent encore plus derrière leurs convictions en refusant de lâcher prise. La seule approche que vous puissiez adopter est de vous en tenir à votre intégrité. Ne faites pas de compromis inspiré par une conception erronée de la « compassion ». Vous devez exprimer la vérité de votre cœur et vous en tenir à elle. »

Message divinatoire :

Il y aura des discussions, des disputes et de la colère autour de vous. Des énergies réprimées se libèreront. Vous découvrirez la vérité à propos d'une situation car personne ne peut mentir quand cet ange se met au travail. Les mensonges, les tromperies et les manipulations seront révélées. Votre priorité quand l'Ange de l'Ouragan est dans les parages est de parler avec franchise et d'agir avec intégrité. Car tout devient transparent quand la lumière féroce de l'ange brille et les cachotteries sont bannies à jamais !

Carte 36 :

La Fée des Cœurs-Brisés

Message : Guérir les peines de cœur

La Fée des Cœurs-Brisés :
La voici qui vient pour ramasser les morceaux de votre cœur brisé et poser un pansement sur la blessure principale. Ce seul geste, accompli avec tendresse, est plus efficace qu'un millier d'années de thérapie. Il est temps d'accepter la gentillesse, la douceur et les petits cadeaux de l'amitié car ce sont eux qui vous aideront à surmonter cette période. Autorisez-vous à vous laisser embrasser et traiter gentiment. Autorisez les autres à prendre soin de vous. Vous êtes en convalescence : ne contrariez pas les remèdes de la Fée en essayant d'aller plus vite que la musique !

La Fée des Cœurs Brisés vous parle :
« Vous avez été blessé et votre cœur a des bleus. C'était peut-être une querelle d'amoureux, un amour non-payé de retour, une séparation ou une aventure qui a mal tourné… Mais je suis ici pour vous aider à guérir et je ne laisserai plus votre cœur saigner. Je vais désinfecter (purifier) et traiter (équilibrer) la blessure, poser un pansement (protéger) et vous donner un remède qui vous procurera un sommeil réparateur et une paix profonde. Je veux que vous vous reposiez pour le moment. Plus d'amour : votre vitalité sera bientôt de retour mais à présent il vous faut du repos ! »

Message divinatoire :
Il est important de s'occuper de soi et d'écarter les « j'aurai dû » auxquels on est souvent confronté quand l'on a une peine de cœur. Blottissez-vous sur le canapé devant un vieux film et reniflez autant que vous voulez. Prenez un long bain réconfortant et promettez-vous de revoir bientôt des gens dignes de votre amour ! Il ne s'agit pas d'amertume ou de méfiance, mais vous êtes un être doux et sensible et certaines personnes sont tellement… Non ! Ce n'est pas le moment de montrer de la sévérité, ne pensez qu'à de chaudes couvertures, de doux rêves et de longs bains chauds. La Fée des Cœurs Brisés viendra vous voir pour vous apaiser… Vous sentirez sa présence et elle soulagera votre chagrin jusqu'à ce qu'il se transforme en sagesse bienveillante !

Carte 37 :

L'Ange au Sucre d'Orge

Message : C'est l'heure d'une friandise !

L'Ange au Sucre d'Orge :
L'Ange au Sucre d'Orge est chargé de vous avertir quand il est temps de vous offrir une friandise destinée à vous remonter le moral ! C'est un petit Ange affairé et laborieux qui ne se ménage pas mais son message est clair : le moment est venu de s'amuser un peu !

L'Ange au Sucre d'Orge parle :
« Vous savez quel est mon problème ? Et le vôtre ? Non ? Eh bien, laissez-moi vous dire que NOTRE problème est de nous sentir coupables de prendre du plaisir. Vous voyez cette friandise dans ma main ? Ce n'est ni mauvais ni dangereux, n'est-ce pas ? Eh bien, je n'arrive pas à m'asseoir une minute pour la déguster ! Non, il faut toujours que je me demande si c'est le bon moment, si j'ai

suffisamment travaillé pour mériter une récompense et pourquoi je devrais en profiter quand tant d'autres n'ont même jamais goûté à un sucre d'orge ! Et, tout comme vous, je continue à me tourmenter avec ce genre de pensées ! Si nous faisions un marché ? La prochaine fois que vous envisagez de vous faire un cadeau (massage, friandise, séminaire spirituel, délicieux repas, soirée entre amis, longue sieste, séance de méditation) tout en pensant « Non, je suis bien trop occupé pour un caprice », rappelez-vous que vous êtes en fait en train de dire que vous ne le méritez pas ! Eh bien, nous allons décider que si ! Et maintenant je vais déguster cette friandise. Faites de même et offrez-vous ce que vous vous refusez d'habitude ! Vous le méritez vraiment ! »

Message divinatoire :
Il est grand temps de vous offrir une petite récompense, ce petit quelque chose que vous vous étiez promis quand vous auriez travaillé assez longtemps ou économisé assez d'argent. Cette carte peut apparaître dans le jeu de ceux à qui on a appris à économiser avant d'acheter. C'est une sage attitude mais elle peut parfois verser dans le déni permanent. Vous méritez un petit répit en ce moment même si vous refusez de l'admettre. Cessez de rationnaliser et de vous convaincre d'y renoncer. L'Ange au Sucre d'Orge est arrivé et vous avez passé un accord avec elle. Vous allez vous amuser un peu, profiter de la vie et vous offrir la petite récompense (sous forme de nourriture, de vêtements, de luxe ou autre) que vous vous refusez depuis si longtemps. Ce petit luxe n'est pas seulement à portée de main, il est aussi nécessaire : laissez tomber les privations et accordez-vous un peu de détente ! Il est temps que la joie de vivre et l'amusement fassent leur retour dans votre vie !

Carte 38 :

La Serre Carnivore

Message : Une offre tentante qui vous coûtera cher

La Serre Carnivore :
Soyez prudent ! Quand cette carte apparaît dans un jeu, vous devez soigneusement examiner ce qui se passe autour de vous ! La Serre est une tentatrice qui dévore ceux qu'elle attire, sans leur laisser une seule chance ! On vous a peut-être fait croire que telle ou telle situation était un « merveilleux agent de changement et de croissance » mais la vérité c'est que vous n'avez pas besoin d'en passer par là ! Les plantes de cette image magnifique mais légèrement macabre représentent des choses ou des personnes attirantes et par conséquent dangereuses. Elles se nourriront de votre énergie ou vous dévoreront tout cru. Surveillez les personnes de votre entourage qui consomment plus qu'elles ne donnent ; celles qui jouent les durs, qui mettent vos valeurs en question, vous ignorent ou recherchent constamment votre approbation pour devenir hostiles quand vous la leur retirez. Si vous

passez votre temps à apaiser quelqu'un ou à avoir peur d'être consumé par une situation séduisante mais toxique au lieu d'avoir des relations sur un pied d'égalité, alors c'est que la Serre Carnivore s'approche de vous.

La Serre Carnivore vous parle :
« Ne suis-je pas belle ? Ne voulez-vous pas vous approcher un peu plus ? Je suis certaine que vous admirerez ma beauté quand vous me verrez mieux. Bien sûr que non, je ne vous ferai pas de mal ! Je ne suis qu'une plante, après tout... J'ai l'air d'une jeune fille innocente dans une pièce pleine d'êtres vivants bien verts et c'est ce que je suis. Mais ma nature est de dévorer comme la leur. Aussi, avant de pénétrer dans cette pièce pour travailler avec moi, sachez que vous allez rencontrer quelqu'un qui dévore, qui consume, qui prend, qui se régale en regardant le comportement prédateur des autres, qui domine, qui contrôle, critique et juge. Je mange tout ce que je peux et tout ce qui m'approche. C'est ma nature. Et même si certains essaient de vous faire croire qu'ils ne vous feront rien, c'est inévitable ! N'oubliez pas qui ils sont et n'essayez pas de les changer. Ou bien alors changez-les et sauvez-les grâce à votre amour. Ils vous dévoreront et se régaleront de le faire. »

Message divinatoire :
Vous avez peut-être été témoin de la cruauté verbale de quelqu'un, de ses vibrations toxiques et de son avidité extrême par rapport à l'argent, le succès, la force vitale et l'attention alors qu'il ou elle semble incapable d'en fournir pour lui/elle-même. Ce genre de personnes semble considérer les autres comme des serviteurs destinés à satisfaire leurs désirs « royaux ». Ils sont parfois charmants et rusés car ils espèrent que vous servirez leurs desseins ! Ils passent leur

temps à prendre l'énergie des autres et si vous la leur refusez ils se fâchent. Ils sont narcissiques et ne voient les autres que comme un moyen d'atteindre leurs buts. C'est très triste mais il est encore plus triste que vous en soyez la victime. Cette carte indique une personne, un lieu de travail ou un système de valeur dévorant, dont les pratiques et l'éthique peuvent s'assimiler à celles d'une secte. Quelle que soit la sphère où sévit la Serre Carnivore, elle exige qu'on s'allie avec elle. Ne vous en approchez pas, observez seulement et apprenez si vous le pouvez. Mais ne devenez pas un objet d'expérience car elle vous mangera et vous prendra tout. C'est dans sa nature même !

Carte 39 :

La Citrouille Mécanique

Message : Une idée fantastique, un « Eurêka ! »

La Citrouille Mécanique

Regardez la brillante ampoule dans le mécanisme de la citrouille : vous êtes sur le point d'avoir une idée géniale au cours d'un moment d'inspiration stupéfiant ! Agissez immédiatement tandis que votre idée est encore fraîche. Ne paressez pas : faites suivre votre illumination subite d'action et vous verrez des changements étonnants se produire dans votre vie sous forme de richesse, de créativité et de satisfaction !

La Citrouille Mécanique parle :

« Moi, la Citrouille Mécanique, j'ai peut-être l'air bizarre, accompagnée de cette jolie fille mais ne vous y trompez pas : je suis une nouvelle idée, une épiphanie. Le chaos apparent de la vie se réorganise parfois en moments de clarté aveuglante. Vous êtes sur le point d'avoir une idée géniale et je veux que vous soyez prêt. Elle vous viendra peut-être de l'extérieur mais c'est vous qui l'avez attirée et elle vous rapportera de grandes richesses sur les plans physique, mental et spirituel. Le moment est venu de faire marcher votre intelligence et de devenir l'être riche et diversifié que vous étiez destiné à être ! Nous sommes tellement contents de vous avoir trouvé : nous attendions de tomber sur une personne capable de se charger de cette idée et la mettre au monde ! Elle évolue depuis toujours hors du temps et de l'espace et elle vous convient parfaitement. C'est peut-être une chanson, un projet, un nouvel emploi ou une nouvelle relation : elle peut posséder de nombreuses formes mais son moment est venu. C'est maintenant et vous avez été choisi pour l'assumer ! Même s'il s'agit d'une tâche cosmique, elle n'en apportera pas moins la joie et l'amour dans votre vie, de même que l'abondance matérielle et un vrai bonheur ! »

Message divinatoire :
Vous êtes sur le point de vivre l'un de ces moments où l'on crie « Eurêka ! ». Une inspiration des plus pures va vous rendre visite et vous faire un don incroyable. Cette épiphanie prend sa source au royaume des idées divines et son moment est venu. Vous êtes celui qui a été choisi pour la mettre au monde ! Suivez les étapes une par une et elle fonctionnera parfaitement, comme une mécanique bien huilée. En dépit de cette imagerie mécanistique il ne s'agit pas du tout d'une idée mécanique. C'est une idée très innovante mais elle apportera peut-être une solution à un problème mécanique. Elle est imprégnée de génie pur. N'oubliez pas que Thomas Edison a tout simplement rêvé de son ampoule électrique. Ne mettez pas votre intuition en doute quand elle fait office de messager pour cette merveilleuse innovation dont vous avez la charge !

Carte 40 :

L'Ange du Temps

Son message : Vous travaillez trop dur !

L'Ange du Temps :

L'Ange femelle du Temps a une apparence sévère et féroce car elle veut que vous entendiez son message. Si elle vous apparaissait avec une allure décontractée, vous savez bien que vous ne lui prêteriez qu'une oreille distraite et que vous continueriez votre chemin comme si de rien n'était. La vérité c'est que vous allez au-delà de vos limites physiques et mentales en ce moment. Vous travaillez trop et ne prenez pas assez soin de vous. Vous ne vous connectez pas assez avec l'Univers. L'Ange du Temps vient donc vous rappeler ce que vous avez fait de votre monde : une énorme machine dans laquelle vous jouez le rôle d'un petit rouage. Vous êtes une personne importante, attentionnée et bien-aimée mais le monde du travail ne va pas s'arrêter de tourner si vous vous absentez un moment. Le moment est venu, dit-elle, de prendre du repos ! L'écouterez-vous ?

L'Ange du temps vous parle :

« Je vais aller droit au but parce qu'il faut que quelqu'un vous le dise. Arrêtez de vous consacrer entièrement à votre travail. Vous y passez trop de temps, trop d'énergie et d'enthousiasme. Vous devez prendre soin de vous. C'est le moment de tenir les promesses que vous vous étiez faites. Méditez, mangez mieux, faites de l'exercice et débarrassez-vous des émotions malsaines qui compromettent votre bien-être, voilà les objectifs que vous devez vous fixer. Fixez la flamme d'une bougie, notez tout ce que vous aimez chez vos amis et prêtez attention aux messages que vous envoie votre corps. Opérez les changements dont vous savez avoir besoin. Je vous remercie par avance car vous savoir heureux me rend aussi la vie plus douce. »

Message divinatoire :

Il est temps de faire une pause dans une activité mécanique ou technique. Éloignez-vous pendant un moment des appareils électroniques, ordinateurs, téléphones portables, iPods, horloges et montres. Le moment est venu de prendre du repos au sein de la nature. Nagez dans l'océan, flânez au bord d'un lac, marchez en forêt, méditez dans une grotte. Le camping, les activités liées à la nature comme la randonnée ou le jardinage vous feront le plus grand bien. Relâchez vos ressorts trop tendus et détachez-vous de la mécanique des délais pour vous immerger dans la vérité et le rythme de la nature. L'Ange du Temps vous l'ordonne ! Tout de suite !

Carte 41 :

La Princesse au Nautilus

Message : Importante croissance personnelle

La Princesse au Nautilus

Vêtue de sa riche chevelure rousse, cette magnifique sirène aux grands yeux tient fermement une coquille de nautilus... Elle vient des profondeurs de l'océan (les émotions) et elle a grandi d'une manière qu'elle n'aurait jamais imaginée car elle va bientôt devenir Reine et devoir prendre des décisions. Elle doute de ses capacités quand elle sera couronnée et n'est pas sûre de pouvoir exercer le pouvoir. Elle contemple le futur pensivement, pourtant entourée des symboles de son succès futur.

La Princesse Nautilus parle :

« Je connais mes forces et la plupart des gens me trouvent bonne, douce et gentille. Mais à présent que je vais monter sur le trône, penseront-ils que je suis avide de pouvoir, dominatrice, cupide et autoritaire ? Quelle que soit leur réaction, il y aura des changements. Mais je continuerai de tenir mon nautilus car il me rappelle mon but, mon intégrité et mon sens de la justice. Je fais le vœu de demeurer constante et sincère, en dépit des obstacles sur ma route et de ne pas utiliser mon pouvoir à mauvais escient. Mais je l'utiliserai tout de même et, tout comme vous, j'évoluerai en accord avec mon être profond et mes vrais objectifs. »

Message divinatoire :
Vous êtes sans doute une personne très douce, timide et apaisante qui doit faire face à un vrai défi. L'Univers vous demande d'assumer un rôle de premier plan tout en gardant votre bonté. Les perles que vous voyez sur cette carte signifient que vos actes doivent être inspirés par votre pureté naturelle et que cette quête est sacrée. Le nautilus indique que vous grandirez de manière équilibrée et parfaitement proportionnée, à l'image de sa coquille. C'est un processus naturel pour vous : attendez-vous à croître encore et encore. Il s'agit d'une période de transformation émotionnelle et spirituelle qui débutera à l'occasion d'un nouvel emploi, d'une nouvelle relation ou d'une nouvelle phase de votre vie, comme de devenir parent par exemple. Vous aurez une responsabilité et devrez y faire face en grandissant. La dignité, la vérité et la sagesse seront vos meilleurs guides. Le moment est venu de vous prendre au sérieux.

Carte 42 :

Les Fantômes du Passé

Message : Le passé réapparaît…

Les Fantômes du Passé :
Au bal masqué, une splendide jeune femme vient d'enlever son masque. Au même instant les fantômes du passé envahissent la fête ! Certains sont d'anciens professeurs et d'anciens amis mais d'autres sont des gens qu'elle aurait préféré ne jamais revoir ! L'un lui rappelle combien elle a été malade naguère, l'autre lui fait se ressouvenir de moments difficiles de sa vie. Pourquoi cette beauté est-elle soudain entourée de tant de souvenirs ?

La Jeune Femme parle :
« Je ne vois que des fantômes du passé tout autour de moi. Ils sont peut-être venus pour que je fasse finalement la paix avec eux ! J'ai

ôté mon masque et je sais qui je suis, mais eux portent toujours le leur et ils ressemblent à ceux que j'ai quittés il y a si longtemps. Sans doute veulent-ils que je retourne dans le passé avant de poursuivre ma route. Je ressens le besoin de remettre mon masque et de me mêler à eux… mais je ne le ferai pas. Je suis celle que je suis à présent et je les affronterai sans prétention avec ce que je suis devenue. Je n'ai plus peur des ombres de mon passé. Je suis en paix avec ce que j'ai été et ce que je suis. »

Message divinatoire :

Les souvenir de vieux amis, d'anciens amoureux et de situations passées émergent pour vous rappeler le chemin parcouru et le fait que vous devez encore travailler certains choses avec lesquelles vous croyiez en avoir terminé. Toutes les vies sont parsemées de périodes difficiles et récurrentes, il vaut mieux les traverser le plus vite possible et en tirer des leçons durables. Ces fantômes masqués sont là pour vous indiquer les ajustements nécessaires. C'est une sorte de purification qui vous permettra de faire la paix avec ceux à qui vous avez peut-être causé du tort. Personne n'est parfait et nous avons tous besoin de pardonner et de nous faire pardonner. Les fantômes du passé qui vous hantent sont la racine de l'indécision que vous éprouvez actuellement. Le jour du jugement est arrivé et vous êtes plus fort que vous ne le croyiez. Il n'est plus possible de vous cacher et de faire semblant d'être « normal » comme tout le monde.

Carte 43 :

La Fée du Lotus Rose

Message : Une ère consacrée à l'esprit

La Fée du Lotus Rose :
Vous adorez vos discours décomplexés, vos nuits blanches et vos comportements désinhibés, mais vous êtes sur le point de commencer à équilibrer tout cela avec de nouvelles rencontres spirituelles et des techniques particulièrement puissantes.
Vous allez rencontrer une personne avisée, très tranquille et très paisible. Sa sérénité vous semblera étrange et bien « lente » mais cet enseignant, représenté par la Fée du Lotus Rose, vous aidera à trouver la véritable sagesse de votre âme. Durant cette période de découverte intérieure, vous vous engagerez dans une discipline spirituelle : vous étudierez, vous pratiquerez des mouvements inconnus de vous et tout cela vous aidera à trier vos pensées pour ne garder que celles qui vous vivifient et vous font sentir réel et authentique. Vous apprendrez à rester immobile et à écouter les battements de votre cœur sans

céder à l'agitation, à vos incessantes voix intérieures ou bien encore aux clichés que votre ego adore. Après vous être discipliné grâce à la pratique de la méditation, de l'exercice et des mantras, vous serez capable de vous nourrir spirituellement sans culpabilité et vous réintégrerez un espace de tranquillité, d'amour et de paix en vous-même. Vous équilibrerez ainsi vos parts d'ombre et de lumière. Ne vous inquiétez pas : vous serez plus paisible et plus heureux que vous ne l'avez jamais été et vous ne vous ennuierez pas ! C'est impossible !

La Fée du Lotus rose vous parle :

« Dans la vie il est parfois utile de se réfugier dans cet espace intérieur divin où réside l'âme. Dans cet état bienheureux, ce nirvana, vous vous sentirez ressourcé grâce à des données enrichissantes et fascinantes qui viendront à vous. Il vous serait très utile de prendre des cours de yoga, de pilates ou d'une autre activité physique comportant un aspect spirituel afin de cultiver votre paix intérieure et de vous ouvrir. Un enseignant, un guide ou un mentor apparaîtra bientôt dans votre vie. Quand vous le/la rencontrerez rappelez-vous qu'il/elle est là pour vous aider à trouver votre propre voie et à grandir et évoluer afin de devenir celui que vous étiez destiné à être. Tournez votre regard vers l'intérieur, sondez les profondeurs de votre cœur et découvrez l'amour qui l'inonde dans ses recoins les plus secrets. Vous êtes doué d'amour, de chaleur et de paix et il est temps pour vous de vous transformer grâce aux techniques que l'on vous présentera bientôt. Quand on étudie patiemment avec un professeur compétent et d'intention pure, peu importe les conditions extérieures, la concentration, l'intuition et la paix intérieure ne cessent de croître. »

Message divinatoire :
Cette carte signe la quête, le voyage, le calme, les postures de yoga, l'amour et l'acceptation de soi. Le troisième œil, l'éveil des chakras, les messages d'amour universel, la connexion de l'être à la terre, les flux d'énergie du corps physique, les moments de réalisation spirituelle sublime, font partie de ces bienfaits qui ne cessent de pleuvoir grâce à une relation équilibrée entre le corps et l'esprit.

Le moment est venu de suivre des cours ou même une formation complète, d'accueillir un nouvel enseignant, que ce soit une personne physique, une voie qui vous attire particulièrement ou un esprit guide qui entre en résonnance avec vous. N'oubliez pas que même si cette voie philosophique paisible et aisée vous semble étrangère au début, une part de vous-même aspire depuis longtemps à la connaissance, à l'épanouissement et au nirvana.

Carte 44:

La Fée du Monde Naturel

Message : La nature a besoin de vous

La Fée du Monde Naturel :
Cette petite fée verte symbolise et incarne la force vitale du monde naturel. On la voit s'occuper des plantes qui fanent parce qu'elles n'ont pas assez ou ont trop d'eau. C'est une infirmière et une guérisseuse assignée au royaume végétal, aux grandes forêts aussi bien qu'aux petits jardins privés. Elle est heureuse que l'on donne son énergie à ce royaume : chaque petit geste aide à nourrir les plantes qui sont lasses, avec leur nombre toujours décroissant, de nourrir en oxygènes tant d'éléments, d'animaux et d'êtres humains ! La fée se sent parfois dépassée par les dégâts occasionnés au monde naturel et elle vous demande de l'aider ! Si vous le faites, vous en tirerez des bienfaits multipliés par trois !

La Fée du Monde Naturel vous parle :

« La nature a changé et je vous demande votre aide. Le monde a besoin que vous vous occupiez des végétaux immédiatement et le moment est venu pour vous d'offrir votre contribution. Plantez un jardin, aider d'autres personnes à faire le leur et partagez-en les fruits, les fleurs et les plantes. Développez votre lien avec l'énergie solaire, trouvez votre propre point d'eau et cessez de dépendre autant des supermarchés, des distributeurs de billets et de l'électricité. Apprenez à vivre avec l'âme du monde végétal. En montrant le bon exemple vous nourrissez notre mère la Terre, qui est parfois si fatiguée ! Choisissez une forêt, un bois, un endroit où poussent les champignons, un lieu qui vous parle et asseyez-vous pendant un moment pour parler à la nature. Elle chuchote ses messages dans le murmure des feuilles et vous parle de sagesse. Écoutez-la et vous saurez comment faire don de temps et d'énergie. Je vous remercie par avance. Les fées veilleront à vous en récompenser ! »

Message divinatoire :

Le moment est venu de semer, de bêcher un carré de légumes ou d'herbes aromatiques. Envisagez aussi de contribuer en temps ou en argent à une cause liée à la nature : les forêts naturelles et les grands espaces ont besoin de notre attention, de notre bienveillance et de notre aide immédiate. Votre influence aura une grande efficacité. Faites une donation à une fondation pour la vie sauvage. Envisagez de planter un bois, de découvrir une forêt, d'offrir votre soutien et vos prières pour un monde plus vert où les créatures sauvages continueront de vivre dans leur propre environnement. Visualisez un monde où les végétaux poussent en sécurité. Tant qu'il y aura des gens comme vous, la Fée du Monde Naturel sait que la nature est sauvée. Le moment est venu de la croissance, de l'abondance, de l'élément terre qui se fraye un chemin dans votre vie splendide.

Mangez bio. Mangez cru. Désintoxiquez-vous. Trouvez une source d'eau pure ou purifiez-la. Développez l'autosuffisance et éloignez-vous de la superficialité du système. Rejoignez les énergies naturelles de la planète et de la galaxie !

Carte 45 :

La Sorcière de la Fin du Monde :

Message : Une fin importante, un nouveau départ

La Sorcière de la Fin du Monde :
Cernée par les ouragans et les éclairs qui fouettent l'air de leurs langues de feu, la Sorcière de la Fin du Monde berce son sablier jusqu'à ce que les forces du changement aient accompli leur travail. Quand elle apparaît dans un jeu, vous savez que quelque chose va prendre fin. Il n'y aura plus de délais car le changement a déjà commencé et la meilleure chose que vous puissiez faire est de vous y préparer. Cherchez des solutions aux défis qui se présenteront avec ces transformations. Tout ira bien mais il y aura une période de chaos et de difficultés apparentes. Si vous vous préparez à lâcher prise, à changer et à laisser les choses prendre fin, le compte à rebours de la petite sorcière ne vous affectera pas autant que ceux qui refusent d'admettre que les temps ont changé et qui sont par conséquent beaucoup plus effrayés.

Il n'y a rien à craindre mais beaucoup auquel se préparer. Vous vous en sortirez et vous serez prêt à accueillir le nouveau monde.

La Sorcière de la Fin de Monde vous parle :
« Je ne suis pas méchante mais je suis une sorcière et les changements ne se produisent que lorsque le monde bascule. Je tiens ce sablier afin que vous sachiez que la fin est sur nous. Vous en voyez les signes autour de vous : le temps bizarre, les ouragans, les cyclones, les changements de la terre. Nombreux sont ceux qui pensent que mes paroles sont malintentionnées et ils me reprochent ce qu'ils appellent les catastrophes car ils ignorent les signes. Ces derniers sont pourtant là et il est temps de vous préparer. Nous allons vivre d'énormes changements qui amélioreront les choses. Mais tant que nous nous accrochons au passé, les ouragans nous emporteront, la terre ferme s'éloignera et ce qui était destiné à guérir prendra une apparence destructrice. »

Message divinatoire :
Cette carte montre une réorganisation significative de la vie tant au niveau personnel que global. Elle affecte les sources d'énergie, les systèmes et les relations, la loi et le système judiciaire de même que l'économie, les valeurs morales et les croyances. Le besoin de vivre plus simplement et en harmonie avec la nature pourrait émerger.

Il n'y a cependant rien à craindre : il s'agit de voyager dans la tempête et d'arriver sain et sauf de l'autre côté. Les changements font partie du voyage dans le monde des cinq dimensions, du basculement de la planète dans un ordre plus paisible qui englobe aussi bien l'ombre que la lumière. Tout va bien et la petite sorcière se débrouille pour garder le monde en sécurité jusqu'à ce que nous ayons traversé cette période de bouleversements !

Tout va bien.

Tout va bien.

À propos de l'auteure

Lucy Cavendish tire ses dons uniques de sa connaissance des royaumes célestes et féeriques. La magie anime chacune de ses journées grâce à son credo personnel qui replace l'épanouissement et le bonheur au centre d'un système de valeurs et de croyances profondément liées à la nature.

Elle est l'auteur de nombreux livres sur les fées et la magie et des personnalités aussi diverses que Deepak Chopra, Louise L. Hay et Fiona Horne en recommandent la lecture. Elle a également créé *Witchcraft*, le premier magazine entièrement dédié à la sorcellerie et intervient régulièrement dans des émissions radio et télévisées consacrées au pouvoir de l'intuition.

Elle vit à Sydney en Australie, avec son compagnon et sa fille, entourée de plantes, d'animaux, d'esprits et de créatures magiques.

www.lucycavendish.com

À propos de l'illustratrice

Jasmine Becket-Griffith est une artiste de fantasy de renommée internationale. Née en 1979, elle s'inspire depuis dix ans de thèmes gothiques, de la littérature classique, des sciences occultes, de la nature et, bien sûr, des fées pour peindre à la main des œuvres saisissantes que l'on retrouve dans de nombreux livres, décors de films ou émissions télévisées, magazines, publicités et parcs à thème. On peut se procurer des reproductions de ses peintures sur son site web ou dans sa boutique eBay.

Jasmine vit aux États-Unis, en Floride, avec son mari et assistant, Matt, et leurs chats.

www.strangeling.com

41
La Princesse au Nautilus
Importante croissance personnelle

1

Le Fantôme du Potager

Regardez le bon côté des choses

7
Poe
Le moment est venu d'apprendre
à manier de nouveaux outils

3
La Fée du Fanal
Elle vous guide, mais dans quelle direction ?

26

La Fée du Carrousel

Un éternel retour…

10

La Sirène de l'Éclipse

Une importante modification énergétique !

12
La Voyante Ailée
Vos yeux sont ouverts, clairvoyance

22
Vaudou en Bleu
Reculez !

11
La Fée des Fleurs Séchées
De doux souvenirs

25

La Sirène des Égouts

Vous possédez une sensualité magnifique !

42
Les Fantômes du Passé
Le passé réapparaît…

23
L'Ange Mauve
Le point du jour

31

La Dame à l'Œuf de Bosch

Sagesse ancienne

2

La Fée Absinthe

Intoxication, distorsion, excès d'indulgence

9
Les Trois Sœurs Sorcières
Le Pouvoir du Trois

4
L'Ange des Neiges
Les signes sont déjà là !

37

L'Ange au Sucre d'Orge

C'est l'heure d'une friandise !

36

La Fée des Cœurs-Brisés

Guérir les peines de cœur

39

La Citrouille Mécanique

Une idée fantastique, un « Eurêka ! »

40
L'Ange du Temps
Vous travaillez trop dur !

43
La Fée du Lotus Rose
Une ère consacrée à l'esprit

20
La Fée des Highlands
Soyez courageux

35
L'Ange de l'Ouragan
Heurt de croyances,
de styles de vie, d'attitudes

14
Marie Mascarade
Glamour, intrigue, drame

6
L'Automne de la Dernière Chance
Ne perdez pas espoir !

24

La Fée à la Lanterne

Une solution simple

29
La Tombe Découverte
Quelqu'un vous manque

13
Je suis Kali
Après la mort, la renaissance

38

La Serre Carnivore

Une offre tentante qui vous coûtera cher

16
L'Ange de los Muertos
Transition vers le royaume des esprits

17
La Fée Solitaire
Je me cramponne

La Sirène de la Tourmente

Le calme au milieu de la tempête

28

La Jeune Fille et la Mort

Invasion, viol des frontières, domination

18
La Duchesse Violette
Raide, frustrée, blasée

34
Les Fantômes sans visage
et la Fille Hantée
Les fantômes vivants

45
La Sorcière
de la Fin du Monde
Une fin importante, un nouveau départ

19
Amara l'Hawaïenne
L'esprit Aloha

8
La Fée Grincheuse
Ne vous mentez pas !

33
La Robe Alchimique
Libérez votre pouvoir !

21

L'Ange Alchimique

Un miracle

30
Deux Petites Sorcières
Un espace magique de purification

44

La Fée du Monde Naturel

La nature a besoin de vous

5
Farces ou Friandises
Nous voilààààà !

15

La Fée du Mildiou

C'est l'heure du ménage !

27
Étrange Valentine
L'amour est étrange !

DE LA MÊME AUTEURE, CHEZ LE MÊME ÉDITEUR

Lucy Cavendish

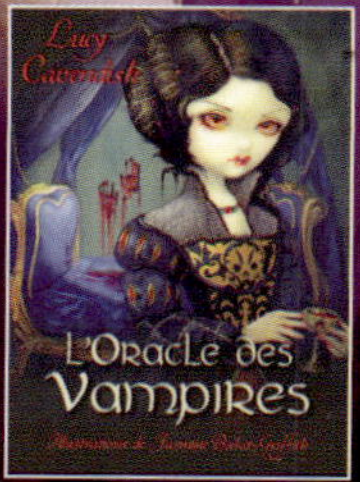

ÉDITIONS
EXERGUE

L'Oracle des sortilèges
L'Oracle des contes de fées
Les Esprits de la forêt
L'Oracle des sirènes
L'Oracle des vampires
L'Oracle des dragons protecteurs
L'Oracle des fées
L'Oracle des êtres d'ombre et de lumière
L'Oracle des métamorphes

Pour en savoir plus sur nos formations en ligne :
www.exergue-formation.com